Hausgemacht und *Eingemacht*

Unser Verlagsprogramm finden Sie unter www.christian-verlag.de

Produktmanagement: Susanne Nips
Textredaktion und Satz: Christiane Manz
für bookwise medienproduktion gmbh

Layout und Cover: Kirsten Habers

Fotografie: StockFood GmbH, München
Herstellung: Bettina Schippel
Repro: Repro Ludwig, Zell am See

Printed in Germany
by Stürtz, Würzburg

Die Deutsche Nationalbibliothek verzeichnet diese Publikation
in der Deutschen Nationalbibliografie;
detaillierte bibliografische Daten sind im Internet über
http://dnb.d-nb.de abrufbar.

ISBN 978-3-86244-074-0

Alle Angaben in diesem Werk wurden sorgfältig recherchiert
und auf den aktuellen Stand gebracht sowie vom Verlag geprüft.
Für die Richtigkeit der Angaben kann jedoch keinerlei Haftung übernommen werden.
Für Hinweise und Anregungen sind wir jederzeit dankbar. Bitte richten Sie diese an:

Christian Verlag
Postfach 400209
80702 München
E-Mail: lektorat@verlagshaus.de

Lust auf Land

Hausgemacht
und *Eingemacht*

CHRISTIAN

Inhalt

Vorwort

Wer einen eigenen Garten besitzt, in dem Äpfel, Birnen, Kirschen und Beeren wachsen, kann sich glücklich schätzen. Doch während der Reifezeit hängt das Obst oft in solcher Fülle am Baum oder Strauch, dass man gar nicht alles verzehren kann. Erweitern Sie doch den Genuss auf das ganze Jahr. Die meisten Früchte schmecken nämlich auch eingemacht köstlich – und erinnern uns in den kälteren Monaten darüber hinaus an Sommer und Sonne.

Ob als Brotaufstrich, als Beilage oder Dessert: Die Möglichkeiten, ganz unkompliziert Obst auf den Tisch zu bringen, sind vielfältig. Besonders beliebt ist auch Sirup, etwa aus Kirschen oder Holunderblüten. Damit lassen sich erfrischende Sommerdrinks mixen, egal ob mit oder ohne Alkohol – und im Winter gießt man Holunderblütensirup einfach mit heißem Wasser auf!

Auch die verschiedensten Gemüsesorten und sogar Fleisch können Sie in Gläsern haltbar machen und damit jederzeit das Menü aufpeppen, wenn überraschend Besuch kommt. Ihre Gäste werden begeistert sein, wenn Sie ihnen nach dem Essen einen Hagebuttenlikör oder einen Apfelwein kredenzen.

In eine hübsche Flasche abgefüllt, eignen sich solche edlen Tropfen auch hervorragend als Geschenk – ebenso wie Lorbeer-Wacholder-Essig, Rosmarinöl oder andere raffinierte Kreationen.

Genießen Sie nicht nur Klassiker wie Erdbeermarmelade und Apfelkompott, sondern lassen Sie sich auch von ungewöhnlichen Rezepten wie Tomatenmarmelade und Waldmeistersorbet inspirieren.

Wir wünschen viel Freude beim Einmachen!

Marmeladen & *Gelees*

Stachelbeermarmelade
aus roten Stachelbeeren

ZUTATEN FÜR 1,25 LITER

1 kg rote Stachelbeeren

500 g Gelierzucker 2:1

Saft von ½ Zitrone

6 cl Rum

5 Einmachgläser (s. Tipp S. 18)
à 250 ml Inhalt

ZUBEREITUNGSZEIT: 40 MINUTEN
RUHEZEIT: 20 MINUTEN
GARZEIT: ETWA 5 MINUTEN

1 Die Einmachgläser heiß auswaschen und mindestens 10 Minuten im Backofen bei 120 °C sterilisieren; Schraubdeckel oder Gummiringe mit kochendem Wasser übergießen.

2 Die Stachelbeeren waschen und putzen. Mit Gelierzucker, Zitronensaft und Rum in einen großen Topf geben und mit einem Kartoffelstampfer andrücken. Alles etwa 20 Minuten durchziehen lassen, dann aufkochen.

3 Den entstehenden Schaum abschöpfen. Die Stachelbeeren 4–5 Minuten unter ständigem Rühren sprudelnd kochen lassen. Vom Herd nehmen und eine Gelierprobe machen: Etwas Fruchtmasse auf einen kleinen Teller geben und kurz in den Kühlschrank stellen. Wenn die Masse noch nicht geliert, alles nochmals kurz durchkochen lassen.

4 Die Einmachgläser aus dem Backofen nehmen (Küchenhandschuhe verwenden!) und die sehr heiße Marmelade sofort bis knapp unter den Rand einfüllen. Den Rand säubern, die Gläser gut verschließen und auskühlen lassen.

TIPP

Es ist wichtig, Marmeladen und Gelees sehr heiß und bis knapp unter den Rand ins Glas einzufüllen. Auf diese Weise kann sich ein Vakuum bilden, das für Haltbarkeit sorgt: Die heiße Luft besitzt ein größeres Volumen als kalte – sie zieht sich also beim Abkühlen zusammen, sodass ein Vakuum im Glas entsteht. Dabei wölbt sich der Deckel eines Schraubglases nach unten. Wenn beim Öffnen wieder Luft ins Glas gelangt, hört man das bekannte „Klick"-Geräusch.

Pfirsichmarmelade
mit Amaretto und Mandeln

ZUTATEN FÜR 1 LITER

750 g Pfirsiche

etwa 500 g Gelierzucker 1:1

Saft von 1 Zitrone

50 g gehobelte Mandeln

1 Zimtstange

4 cl Amaretto

4 Einmachgläser (s. Tipp S. 18)
à 250 ml Inhalt

ZUBEREITUNGSZEIT: 25 MINUTEN
RUHEZEIT: 3 STUNDEN
GARZEIT: ETWA 4 MINUTEN

1 Die Pfirsiche heiß überbrühen, häuten, halbieren, entsteinen und grob würfeln. Dabei sollte etwa eine Menge von 500 Gramm Fruchtfleisch übrig bleiben. Vom Gelierzucker die gleiche Menge abwiegen.

2 Den Gelierzucker und den Zitronensaft mit den Pfirsichen vermengen und alles zugedeckt etwa 3 Stunden durchziehen lassen. Inzwischen die Mandeln in einer Pfanne goldbraun rösten.

3 Die Einmachgläser heiß auswaschen und mindestens 10 Minuten im Backofen bei 120 °C sterilisieren; Schraubdeckel oder Gummiringe mit kochendem Wasser übergießen.

4 Die Pfirsichmasse mit der Zimtstange und den Mandeln aufkochen und 3–4 Minuten unter ständigem Rühren sprudelnd kochen lassen. Vom Herd nehmen und eine Gelierprobe machen: Etwas Fruchtmasse auf einen kleinen Teller geben und kurz in den Kühlschrank stellen. Wenn die Masse noch nicht geliert, alles nochmals kurz durchkochen lassen. Zum Schluss die Zimtstange entfernen und den Amaretto unterrühren.

5 Die Einmachgläser aus dem Backofen nehmen (Küchenhandschuhe verwenden!) und die sehr heiße Marmelade sofort bis knapp unter den Rand einfüllen. Den Rand säubern, die Gläser gut verschließen und auskühlen lassen.

TIPP

Gelierzucker enthält neben Zucker auch Pektin und Zitronensäure, welche den Geliervorgang unterstützen. Traditionell wird Obst mit der gleichen Menge Gelierzucker eingekocht – im Verhältnis 1:1. Der Fruchtgeschmack kommt aber stärker zur Geltung, wenn man Gelierzucker 2:1 oder gar 3:1 verwendet: Hier werden 2 bzw. 3 Teile Obst mit 1 Teil Gelierzucker verarbeitet.

Erdbeermarmelade

mit grünem Pfeffer

ZUTATEN FÜR 600 ML

600 g Erdbeeren · 1 Apfel

etwa 300 g Gelierzucker 2:1

2 EL eingelegter grüner Pfeffer

2 EL Balsamicoessig

2 Einmachgläser (s. Tipp S. 18) à 300 ml Inhalt

ZUBEREITUNGSZEIT: 30 MINUTEN
GARZEIT: ETWA 4 MINUTEN

1 Die Einmachgläser heiß auswaschen und mindestens 10 Minuten im Backofen bei 120 °C sterilisieren; Schraubdeckel oder Gummiringe mit kochendem Wasser übergießen.

2 Die Erdbeeren waschen, putzen und fein pürieren. Den Apfel schälen, vierteln, das Kerngehäuse entfernen und das Fruchtfleisch fein reiben. Erdbeerpüree und Apfelfruchtfleisch zusammen abwiegen. Vom Gelierzucker die Hälfte dieses Gewichts abmessen.

3 Die Fruchtmasse in einem Topf mit dem Gelierzucker mischen. Unter gelegentlichem Rühren aufkochen, die Pfefferkörner im Ganzen zugeben und alles etwa 4 Minuten sprudelnd kochen lassen.

4 Vom Herd nehmen und eine Gelierprobe machen: Etwas Fruchtmasse auf einen kleinen Teller geben und kurz in den Kühlschrank stellen. Wenn die Masse noch nicht geliert, alles nochmals kurz durchkochen lassen. Zum Schluss den Balsamicoessig einrühren.

5 Die Einmachgläser aus dem Backofen nehmen (Küchenhandschuhe verwenden!) und die sehr heiße Fruchtmasse sofort bis knapp unter den Rand einfüllen. Den Rand säubern, die Gläser gut verschließen und auskühlen lassen.

TIPP

Nach EU-Recht darf ein Brotaufstrich nur als „Marmelade" verkauft werden, wenn er aus Zitrusfrüchten besteht; andernfalls gilt er als „Konfitüre". Dieses Buch folgt dem deutschen Sprachgebrauch, der „Marmelade" als Oberbegriff kennt.

Brombeermarmelade
mit Zimt

1 Die Einmachgläser heiß auswaschen und mindestens 10 Minuten im Backofen bei 120 °C sterilisieren; Schraubdeckel oder Gummiringe mit kochendem Wasser übergießen.

2 Die Brombeeren verlesen, waschen und gut abtropfen lassen. Mit dem Gelierzucker, dem Zitronensaft und dem Zimt mischen und 2 Stunden durchziehen lassen.

3 Alles in einen Topf geben, erhitzen und etwa 4 Minuten unter ständigem Rühren sprudelnd kochen lassen. Vom Herd nehmen und eine Gelierprobe machen: Etwas Fruchtmasse auf einen kleinen Teller geben und kurz in den Kühlschrank stellen. Wenn die Masse noch nicht geliert, alles nochmals kurz durchkochen lassen.

4 Die Einmachgläser aus dem Backofen nehmen (Küchenhandschuhe verwenden!) und die sehr heiße Fruchtmasse sofort bis knapp unter den Rand einfüllen. Den Rand säubern, die Gläser gut verschließen und auskühlen lassen.

ZUTATEN FÜR 1,2 LITER

1 kg reife Brombeeren

1 kg Gelierzucker 1:1

1 EL Zitronensaft

1 EL Zimt

6 Einmachgläser (s. Tipp S. 18) à 300 ml Inhalt

ZUBEREITUNGSZEIT: 15 MINUTEN
RUHEZEIT: 2 STUNDEN
GARZEIT: ETWA 4 MINUTEN

Zitronen-Holunder-Gelee
frisch und fruchtig

ZUTATEN FÜR 1,5–2 LITER

15 Dolden Holunderblüten

1,8 l Apfelsaft

3 unbehandelte Zitronen

1 kg Gelierzucker 2:1

6–8 Einmachgläser (s. Tipp S. 18)
à 250 ml Inhalt

ZUBEREITUNGSZEIT: 20 MINUTEN
RUHEZEIT: 48 STUNDEN

1 Die Holunderblüten sorgfältig verlesen und putzen, mit dem Apfelsaft ansetzen und zugedeckt mindestens 2 Tage stehen lassen.

2 Die Einmachgläser heiß auswaschen und mindestens 10 Minuten im Backofen bei 120 °C sterilisieren; Schraubdeckel oder Gummiringe mit kochendem Wasser übergießen.

3 Die Zitronen heiß abwaschen. Von zwei Früchten die Schale abreiben, beide sorgfältig auspressen. Die dritte Zitrone in feine Scheiben und diese in Viertel schneiden.

4 In einem großen Topf die angesetzten Holunderblüten samt Apfelsaft mit Zitronenschale und -saft sowie dem Gelierzucker gut vermischen und alles langsam zum Kochen bringen. Die Masse bis zum Gelierpunkt (siehe Packungsangabe) aufkochen lassen. Dann das Gelee durch ein Sieb in einen anderen Topf gießen, die Zitronenstückchen zugeben und das Ganze nochmals 2–3 Minuten unter ständigem Rühren sprudelnd kochen lassen.

5 Die Einmachgläser aus dem Backofen nehmen (Küchenhandschuhe verwenden!) und das sehr heiße Gelee sofort bis knapp unter den Rand einfüllen. Den Rand säubern, die Gläser gut verschließen und auskühlen lassen.

TIPP

Verwenden Sie zum Einmachen nur einwandfreies, frisches Obst. Wegen einer kleinen faulen Stelle an einer einzigen Frucht kann der gesamte Inhalt des Glases verderben.

Johannisbeergelee
mit Erdbeeren und Pfeffer

ZUTATEN FÜR 1,25–1,5 LITER

1 kg Rote Johannisbeeren

50 g Zucker

125 ml Wasser

etwa 800 g Gelierzucker 1:1

500 g kleine Erdbeeren

2 EL grüner Pfeffer

5–6 Einmachgläser (s. Tipp)
à 250 ml Inhalt

ZUBEREITUNGSZEIT: 20 MINUTEN
GARZEIT: ETWA 10 MINUTEN

1 Die Einmachgläser heiß auswaschen und mindestens 10 Minuten im Backofen bei 120 °C sterilisieren; Schraubdeckel oder Gummiringe mit kochendem Wasser übergießen.

2 Die Johannisbeeren waschen, mit einer Gabel von den Rispen streifen und mit 50 Gramm Zucker und 125 ml Wasser unter Rühren aufkochen lassen.

3 Ein Sieb mit einem Mulltuch auslegen und auf eine Schüssel setzen. Die Johannisbeeren mit dem Saft hineinschütten, die Früchte gründlich ausdrücken. Den Saft in der Schüssel auffangen, abmessen und mit der gleichen Menge Gelierzucker in einen Topf geben.

4 Die Erdbeeren waschen, putzen und trocken tupfen.

5 Die Johannisbeersaftmischung unter Rühren aufkochen und 4 Minuten sprudelnd kochen lassen. Die Erdbeeren und den grünen Pfeffer zugeben, alles nochmals aufkochen.

6 Die Einmachgläser aus dem Backofen nehmen (Küchenhandschuhe verwenden!) und das sehr heiße Gelee sofort bis knapp unter den Rand einfüllen. Den Rand säubern, die Gläser gut verschließen und auskühlen lassen.

TIPP

Zum Heißeinfüllen sind Gläser mit Twist-off-Deckel am besten geeignet. Erneuern Sie bei gebrauchten Schraubgläsern von Zeit zu Zeit den Deckel.
Einmachgläser mit Glasdeckel und Gummiring schließen oft nicht dicht genug, um ein ausreichendes Vakuum zu bilden. In diesem Fall sollte das Einmachgut bald verzehrt werden.

Heidelbeergelee
mit Vanille

1 Die Einmachgläser heiß auswaschen und mindestens 10 Minuten im Backofen bei 120 °C sterilisieren; Schraubdeckel oder Gummiringe mit kochendem Wasser übergießen.

2 In einem großen Topf den Heidelbeersaft mit dem Gelierzucker mischen. Die Heidelbeeren putzen, waschen und dazugeben. Von der halben Zitrone die Schale abreiben und nach Belieben den Saft auspressen. Die Vanilleschote längs aufschneiden.

3 Die Beeren mit der Zitronenschale und nach Belieben dem Zitronensaft sowie der Vanilleschote zum Kochen bringen. Die Masse so lange kochen lassen, bis die Beeren weich, aber nicht zerfallen sind und der Gelierpunkt erreicht ist (siehe Packungsangabe des Gelierzuckers). Die Vanilleschote entfernen.

4 Die Einmachgläser aus dem Backofen nehmen (Küchenhandschuhe verwenden!) und das sehr heiße Gelee sofort bis knapp unter den Rand einfüllen. Den Rand säubern, die Gläser gut verschließen und auskühlen lassen.

ZUTATEN FÜR 1–1,5 LITER

1 l Heidelbeersaft (aus dem Reformhaus)

500 g Gelierzucker 2:1 · 250 g Heidelbeeren

½ unbehandelte Zitrone · ¼ Vanilleschote

4–6 Einmachgläser (s. Tipp S. 18)
à 250 ml Inhalt

ZUBEREITUNGSZEIT: 20 MINUTEN
RUHEZEIT: 1 STUNDE

Erdbeermarmelade
mit Orangensaft

1 Die Erdbeeren waschen, verlesen, vierteln oder in Stücke schneiden und mit dem Gelierzucker in einem großen Topf gut vermischen. Die Mischung etwa 1 Stunde durchziehen lassen.

2 Die Einmachgläser heiß auswaschen und mindestens 10 Minuten im Backofen bei 120 °C sterilisieren; Schraubdeckel oder Gummiringe mit kochendem Wasser übergießen.

3 Den Orangensaft zu den Erdbeeren geben. Die Vanilleschote längs aufschneiden, das Mark herauskratzen und beides mit in den Topf geben. Die Masse unter gelegentlichem Rühren zum Kochen bringen. Den Schaum dabei etwas abschöpfen.

4 Die Früchte so lange kochen lassen, bis der Gelierpunkt erreicht ist (siehe Packungsangabe des Gelierzuckers). Dann die Vanilleschote entfernen.

5 Die Einmachgläser aus dem Backofen nehmen (Küchenhandschuhe verwenden!) und die sehr heiße Marmelade sofort bis knapp unter den Rand einfüllen. Den Rand säubern, die Gläser gut verschließen und auskühlen lassen.

ZUTATEN FÜR 1–1,5 LITER

2 kg Erdbeeren

1,25 kg Gelierzucker 2:1

500 ml Orangensaft

1 Vanilleschote

4–6 Einmachgläser (s. Tipp S. 18)
à 250 ml Inhalt

ZUBEREITUNGSZEIT: 20 MINUTEN
RUHEZEIT: 1 STUNDE

Feines Traubengelee
mit Rotwein und Weinbrand

ZUTATEN FÜR 1–1,5 LITER

1 kg rote Weintrauben

200 ml Rotwein
(z. B. Spätburgunder)

1 unbehandelte Orange

1–2 Kardamomkapseln

750 ml roter Traubensaft

1–2 kg Gelierzucker 1:1

50–80 ml Weinbrand

4–6 Einmachgläser (s. Tipp S. 18)
à 250 ml Inhalt

ZUBEREITUNGSZEIT: 35 MINUTEN
ABTROPFZEIT: 8 STUNDEN
GARZEIT: ETWA 45 MINUTEN

1 Die Weintrauben mit dem Kartoffelstampfer etwas zerdrücken. Die Früchte und den Rotwein in einen Kochtopf füllen und bei starker Hitze zum Kochen bringen. Die Temperatur reduzieren und alles 20–30 Minuten leicht köcheln lassen, bis die Früchte weich sind und zerfallen.

2 Die Orange in dünne Scheiben schneiden, mit dem Kardamom zur Trauben-Rotwein-Mischung geben und alles weitere 10 Minuten köcheln lassen.

3 Ein Sieb mit einem Mulltuch auslegen und auf eine Schüssel setzen. Den Inhalt des Kochtopfs in das Sieb abgießen, den Saft in der Schüssel auffangen; das Ganze über Nacht abtropfen lassen.

4 Am nächsten Tag die Einmachgläser heiß auswaschen und mindestens 10 Minuten im Backofen bei 120 °C sterilisieren; Schraubdeckel oder Gummiringe mit kochendem Wasser übergießen.

5 Den über Nacht abgetropften Saft mit dem Traubensaft mischen, beides abmessen und mit der gleichen Menge Gelierzucker in einen sauberen Topf geben. Alles unter häufigem Rühren zum Kochen bringen und so lange sprudelnd kochen, bis der Gelierpunkt erreicht ist (siehe Packungsangabe des Gelierzuckers). Den Kardamom entfernen, den Weinbrand zufügen.

6 Die Einmachgläser aus dem Backofen nehmen (Küchenhandschuhe verwenden!) und das sehr heiße Gelee sofort bis knapp unter den Rand einfüllen. Den Rand säubern, die Gläser gut verschließen und auskühlen lassen.

TIPP

Beim Heißeinfüllen von Marmeladen, Gelee und anderem sollte auch das Glas noch warm sein, damit es nicht springt.

Rhabarbermarmelade
mit Weißwein

ZUTATEN FÜR 2 LITER

800 g Rhabarber

2 unbehandelte Orangen

125 ml trockener Weißwein

6 cl Orangenlikör

1 kg Gelierzucker

8 Einmachgläser (s. Tipp S. 18) à 250 ml Inhalt

ZUBEREITUNGSZEIT: 25 MINUTEN
GARZEIT: ETWA 10 MINUTEN

1 Die Einmachgläser heiß auswaschen und mindestens 10 Minuten im Backofen bei 120 °C sterilisieren; Schraubdeckel oder Gummiringe mit kochendem Wasser übergießen.

2 Den Rhabarber schälen, die Enden abschneiden und das Fruchtfleisch in kleine Stücke schneiden.

3 Die Schale der Orangen abreiben, dann die Orangen sorgfältig schälen. Die Filets herausschneiden, gegebenenfalls den Saft aus dem restlichen Fruchtfleisch pressen.

4 Den Saft der Orangen mit der abgeriebenen Schale, den Filets, dem Rhabarber und dem Likör aufkochen lassen. Etwa 5 Minuten köcheln lassen, bis der Rhabarber weich ist.

5 Den Gelierzucker einrühren und alles etwa 4 Minuten sprudelnd kochen lassen. Eine Gelierprobe machen: Etwas Fruchtmasse auf einen kleinen Teller geben und kurz in den Kühlschrank stellen. Wenn die Masse noch nicht geliert, nochmals kurz durchkochen lassen.

6 Die Einmachgläser aus dem Backofen nehmen (Küchenhandschuhe verwenden!) und die sehr heiße Marmelade sofort bis knapp unter den Rand einfüllen. Den Rand säubern, die Gläser gut verschließen und auskühlen lassen.

Hagebuttenmarmelade
mit Gewürznelken

1 Die Hagebutten waschen, putzen, halbieren, die Kerne herausschaben und die Früchte über Nacht in 150 ml Wasser einweichen.

2 Die Hagebutten im Einweichwasser gar kochen, pürieren und durch ein feines Sieb, am besten eine „Flotte Lotte", passieren.

3 Die Einmachgläser heiß auswaschen und mindestens 10 Minuten im Backofen bei 120 °C sterilisieren; Schraubdeckel oder Gummiringe mit kochendem Wasser übergießen.

4 Das Hagebuttenmark mit Zitronenschale und -saft vermengen, alles abwiegen und mit der gleichen Menge Gelierzucker in einen Topf geben. Die Gewürznelken zugeben, das Ganze aufkochen und unter Rühren etwa 10 Minuten köcheln lassen.

5 Eine Gelierprobe machen: Etwas Fruchtmasse auf einen kleinen Teller geben und kurz in den Kühlschrank stellen. Wenn die Masse noch nicht geliert, nochmals kurz durchkochen lassen.

6 Die Einmachgläser aus dem Backofen nehmen (Küchenhandschuhe verwenden!) und die sehr heiße Marmelade sofort bis knapp unter den Rand einfüllen. Den Rand säubern, die Gläser gut verschließen und auskühlen lassen.

ZUTATEN FÜR 500 ML

400 g Hagebutten

150 ml Wasser

abgeriebene Schale und Saft von 1 unbehandelten Zitrone

etwa 250 g Gelierzucker 1:1

4 Gewürznelken

2 Einmachgläser (s. Tipp S. 18) à 250 ml Inhalt

ZUBEREITUNGSZEIT: 40 MINUTEN
EINWEICHZEIT: 12 STUNDEN
GARZEIT: ETWA 10 MINUTEN

Aprikosenmarmelade
mit Orangenlikör

ZUTATEN FÜR 1 LITER

1 kg Aprikosen

1 unbehandelte Zitrone

500 g Gelierzucker 2:1

4 cl Orangenlikör

4 Einmachgläser (s. Tipp S. 18)
à 250 ml Inhalt

ZUBEREITUNGSZEIT: 30 MINUTEN
RUHEZEIT: 30 MINUTEN
GARZEIT: ETWA 4 MINUTEN

1 Die Aprikosen überbrühen, abschrecken, häuten, halbieren, entsteinen und in Stücke schneiden. Die Zitrone heiß abwaschen und die Schale abreiben. Den Saft auspressen. Beides mit den Aprikosen und dem Gelierzucker in einem großen Topf vermengen. Etwa 30 Minuten durchziehen lassen, damit sich etwas Saft bildet.

2 Inzwischen die Einmachgläser heiß auswaschen und mindestens 10 Minuten im Backofen bei 120 °C sterilisieren; Schraubdeckel und Gummiringe mit kochendem Wasser übergießen.

3 Die Fruchtmischung mit dem Saft unter Rühren aufkochen und 3–4 Minuten sprudelnd kochen lassen. Den Orangenlikör zufügen und eine Gelierprobe machen: Etwas Fruchtmasse auf einen kleinen Teller geben und kurz in den Kühlschrank stellen. Wenn die Masse noch nicht geliert, nochmals kurz durchkochen lassen. Vom Herd nehmen.

4 Die Einmachgläser aus dem Backofen nehmen (Küchenhandschuhe verwenden!) und die sehr heiße Marmelade sofort bis knapp unter den Rand einfüllen. Den Rand säubern, die Gläser gut verschließen und auskühlen lassen.

Apfel-Chili-Gelee
mit Paprikapulver

1 Die Einmachgläser heiß auswaschen und mindestens 10 Minuten im Backofen bei 120 °C sterilisieren; Schraubdeckel oder Gummiringe mit kochendem Wasser übergießen.

2 Die Chilischote waschen, längs aufschneiden und entkernen, die weißen Innenhäute entfernen. Die Chilischote fein würfeln.

3 Den Apfelsaft mit dem Gelierzucker in einen Topf geben und bei starker Hitze unter Rühren aufkochen. 3–4 Minuten sprudelnd kochen lassen. Zitronensaft, Paprikapulver und Chili einrühren, den Topf vom Herd nehmen.

4 Die Einmachgläser aus dem Backofen nehmen (Küchenhandschuhe verwenden!) und das sehr heiße Gelee sofort bis knapp unter den Rand einfüllen. Den Rand säubern, die Gläser gut verschließen und auskühlen lassen.

ZUTATEN FÜR 1 LITER

1 rote Chilischote

1 l Apfelsaft (naturtrüb oder selbst gemacht)

500 g Gelierzucker 2:1

4 EL Zitronensaft · 1 EL scharfes Paprikapulver

4 Einmachgläser (s. Tipp S. 18) à 250 ml Inhalt

ZUBEREITUNGSZEIT: 15 MINUTEN
GARZEIT: ETWA 4 MINUTEN

TIPP

Vorsicht: Das in den Chilischoten enthaltene Capsaicin kann höllisches Brennen verursachen, wenn es an die Haut, die Augen oder die Lippen gerät. Verwenden Sie beim Verarbeiten von Chilis am besten Küchenhandschuhe.

Melonenmarmelade
mit Orange und Vanille

1 Die Honigmelonen entkernen und schälen. Das Fruchtfleisch in etwa gleich große Würfel schneiden, mit dem Gelierzucker in einem großen Topf gut vermischen und etwa 1 Stunde durchziehen lassen.

2 Die Einmachgläser heiß auswaschen und mindestens 10 Minuten im Backofen bei 120 °C sterilisieren; Schraubdeckel oder Gummiringe mit kochendem Wasser übergießen.

3 Die Orange halbieren, die Schale einer Hälfte hauchdünn (ohne die weiße Haut) in großen Stücken abschälen. Den Saft der ganzen Orange auspressen und durch ein Teesieb passieren.

4 Die Vanilleschote der Länge nach aufschneiden und das Vanillemark herauskratzen.

5 Die Melonenmasse mit Orangenschale und -saft sowie dem Vanillemark und der Vanilleschote unter gelegentlichem Rühren zum Kochen bringen. Den dabei entstehenden Schaum abschöpfen.

6 Die Masse so lange kochen, bis die Früchte weich sind und der Gelierpunkt erreicht ist (siehe Packungsangabe des Gelierzuckers). Dann die Orangenschale und die Vanilleschote entfernen, die Marmelade mit einem Pürierstab fein pürieren.

7 Die Einmachgläser aus dem Backofen nehmen (Küchenhandschuhe verwenden!) und die sehr heiße Marmelade sofort bis knapp unter den Rand einfüllen. Den Rand säubern, die Gläser gut verschließen und auskühlen lassen.

ZUTATEN FÜR 1–1,5 LITER

2–3 Honigmelonen (1 kg Fruchtfleisch)

500 g Gelierzucker 2:1

1 unbehandelte Orange

1 Vanilleschote

4–6 Einmachgläser (s. Tipp S. 18) à 250 ml Inhalt

ZUBEREITUNGSZEIT: 35 MINUTEN
RUHEZEIT: 1 STUNDE

Heidelbeermarmelade
mit Birnen

ZUTATEN FÜR 1,2 LITER

etwa 500 g Birnen

600 g Heidelbeeren

1 kg Gelierzucker 1:1

2 EL Zitronensaft

4 Einmachgläser (s. Tipp S. 18)
à 300 ml Inhalt

ZUBEREITUNGSZEIT: 30 MINUTEN
GARZEIT: ETWA 4 MINUTEN

1 Die Einmachgläser heiß auswaschen und mindestens 10 Minuten im Backofen bei 120 °C sterilisieren; Schraubdeckel oder Gummiringe mit kochendem Wasser übergießen.

2 Die Birnen schälen, vierteln, entkernen und würfeln. Dabei sollten 400 Gramm Fruchtfleisch übrig bleiben. Falls nötig, entsprechend mehr oder weniger Birnen verwenden.

3 Die Heidelbeeren verlesen, waschen und gut abtropfen lassen. Zusammen mit den Birnen, dem Gelierzucker und dem Zitronensaft in einen Topf geben, gut vermischen und bei starker Hitze aufkochen lassen.

4 Alles unter ständigem Rühren etwa 4 Minuten sprudelnd kochen lassen, dann eine Gelierprobe machen: Etwas Fruchtmasse auf einen kleinen Teller geben und kurz in den Kühlschrank stellen. Wenn die Masse noch nicht geliert, alles nochmals kurz durchkochen lassen.

5 Die Einmachgläser aus dem Backofen nehmen (Küchenhandschuhe verwenden!) und die sehr heiße Marmelade sofort bis knapp unter den Rand einfüllen. Den Rand säubern, die Gläser gut verschließen und auskühlen lassen.

Pflaumenmarmelade
mit Marzipan und Walnüssen

ZUTATEN FÜR 1–1,5 LITER

1 kg Pflaumen

500 g Gelierzucker 2:1

30 g Marzipan

100 g Walnusskerne

1 Zimtstange

2–3 EL Pflaumenwein (oder Rum)

4–6 Einmachgläser (s. Tipp S. 18)
à 250 ml Inhalt

ZUBEREITUNGSZEIT: 35 MINUTEN
RUHEZEIT: 1 STUNDE

1 Die Pflaumen waschen, putzen, entsteinen und vierteln. In einem großen Topf mit dem Gelierzucker mischen und etwa 1 Stunde durchziehen lassen.

2 Die Einmachgläser heiß auswaschen und mindestens 10 Minuten im Backofen bei 120 °C sterilisieren; Schraubdeckel oder Gummiringe mit kochendem Wasser übergießen.

3 Das Marzipan zerpflücken und die Walnusskerne mit der Hand etwas kleiner brechen. Marzipan, Walnüsse und die Zimtstange zu der Pflaumenmasse geben und alles unter gelegentlichem Rühren zum Kochen bringen. Den dabei entstehenden Schaum abschöpfen.

4 Die Masse kochen lassen, bis der Gelierpunkt erreicht ist (siehe Packungsangabe des Gelierzuckers). Den Pflaumenwein zufügen, alles nochmals kurz aufkochen, dann die Zimtstange entfernen.

5 Die Einmachgläser aus dem Backofen nehmen (Küchenhandschuhe verwenden!) und die sehr heiße Marmelade sofort bis knapp unter den Rand einfüllen. Den Rand säubern, die Gläser gut verschließen und auskühlen lassen.

Nektarinenmarmelade
mit Pflaumen

1 Die Einmachgläser heiß auswaschen und mindestens 10 Minuten im Backofen bei 120 °C sterilisieren; Schraubdeckel oder Gummiringe mit kochendem Wasser übergießen.

2 Die Pflaumen und die Nektarinen waschen, putzen, vierteln und entsteinen. Die Vanilleschote längs aufschneiden und das Vanillemark herauskratzen.

3 Die Früchte mit dem Gelierzucker sowie Vanillemark, Gewürznelken, Sternanis und Zimtstange in eine Pfanne geben, alles vermischen und unter gelegentlichem Rühren zum Kochen bringen. Die Masse mit dem Rotwein ablöschen und bei starker Hitze etwa 4 Minuten köcheln lassen.

4 Eine Gelierprobe machen: Etwas Fruchtmasse auf einen kleinen Teller geben und kurz in den Kühlschrank stellen. Wenn die Masse noch nicht geliert, alles nochmals kurz durchkochen lassen. Vom Herd nehmen, Nelken, Sternanis und Zimtstange entfernen.

5 Die Einmachgläser aus dem Backofen nehmen (Küchenhandschuhe verwenden!) und die sehr heiße Marmelade sofort bis knapp unter den Rand einfüllen. Den Rand säubern, die Gläser gut verschließen und auskühlen lassen.

ZUTATEN FÜR 500 ML

250 g reife blaue Pflaumen

250 g Nektarinen · 1 Vanilleschote

500 g Gelierzucker 1:1

3 Gewürznelken · 1 Sternanis

1 Zimtstange · 100 ml Rotwein

2 Einmachgläser (s. Tipp S. 18) à 250 ml Inhalt

ZUBEREITUNGSZEIT: 20 MINUTEN
GARZEIT: ETWA 4 MINUTEN

TIPP

Wenn Sie Gäste zum Brunch erwarten, können Sie die Marmelade auch in der Pfanne erkalten lassen und aufs Frühstücksbüfett stellen. Zu Vanilleeis schmeckt sie ebenfalls ausgezeichnet.

Weißdorngelee
aus Pflanzensaft

1 Die Einmachgläser heiß auswaschen und mindestens 10 Minuten im Backofen bei 120 °C sterilisieren; Schraubdeckel oder Gummiringe mit kochendem Wasser übergießen.

2 Den Weißdornsaft mit dem Gelierzucker in einen Topf geben, erhitzen und unter ständigem Rühren sprudelnd etwa 4 Minuten kochen lassen.

3 Vom Herd nehmen und eine Gelierprobe machen: Etwas Fruchtmasse auf einen kleinen Teller geben und kurz in den Kühlschrank stellen. Wenn die Masse noch nicht geliert, alles nochmals kurz durchkochen lassen.

4 Die Einmachgläser aus dem Backofen nehmen (Küchenhandschuhe verwenden!) und das sehr heiße Gelee sofort bis knapp unter den Rand einfüllen. Den Rand säubern, die Gläser gut verschließen und auskühlen lassen.

ZUTATEN FÜR 1 LITER

1 l Weißdornsaft (aus dem Reformhaus)

1 kg Gelierzucker 1:1

4 Einmachgläser (s. Tipp S. 18) à 250 ml Inhalt

ZUBEREITUNGSZEIT: 10 MINUTEN
GARZEIT: ETWA 4 MINUTEN

Himbeermarmelade
mit Vanille

ZUTATEN FÜR 1 LITER

1 kg Himbeeren

1 Vanilleschote

Saft von 1 Zitrone

500 g Gelierzucker 2:1

4 Einmachgläser (s. Tipp S. 18)
à 250 ml Inhalt

ZUBEREITUNGSZEIT: 20 MINUTEN
RUHEZEIT: 30 MINUTEN
GARZEIT: ETWA 4 MINUTEN

1 Die Himbeeren verlesen und säubern. Die Vanilleschote längs aufschneiden, in einem Topf mit den Himbeeren, dem Zitronensaft und dem Gelierzucker vermischen und alles etwa 30 Minuten durchziehen lassen.

2 Die Einmachgläser heiß auswaschen und mindestens 10 Minuten im Backofen bei 120 °C sterilisieren; Schraubdeckel oder Gummiringe mit kochendem Wasser übergießen.

3 Die Himbeermischung unter Rühren zum Kochen bringen. Etwa 4 Minuten sprudelnd kochen lassen, dabei ständig weiterrühren. Eine Gelierprobe machen: Etwas Fruchtmasse auf einen kleinen Teller geben und kurz in den Kühlschrank stellen. Wenn die Masse noch nicht geliert, nochmals kurz durchkochen lassen. Dann den Topf vom Herd nehmen und die Vanilleschote entfernen.

4 Die Einmachgläser aus dem Backofen nehmen (Küchenhandschuhe verwenden!) und die sehr heiße Marmelade sofort bis knapp unter den Rand einfüllen. Den Rand säubern, die Gläser gut verschließen und auskühlen lassen.

TIPP

Himbeeren sollten vor dem Einmachen nur gewaschen werden, wenn dies unbedingt nötig ist. Durch das Waschen verlieren sie Saft und nehmen Wasser auf.

Apfel-Birnen-Marmelade
mit Estragon

ZUTATEN FÜR 1,25 LITER

600 g Äpfel

600 g Birnen

1 unbehandelte Limette

2 Zweige Estragon

etwa 500 g Gelierzucker 2:1

5 Einmachgläser (s. Tipp S. 18)
à 250 ml Inhalt

ZUBEREITUNGSZEIT: 30 MINUTEN
RUHEZEIT: 2 STUNDEN
GARZEIT: ETWA 4 MINUTEN

1 Die Äpfel und die Birnen schälen, halbieren, die Kerngehäuse entfernen und das Fruchtfleisch in kleine Würfel schneiden. Das Fruchtfleisch abwiegen und die Menge des Gelierzuckers auf die Hälfte der Fruchtmenge angleichen.

2 Die Schale der Limette hauchdünn abziehen und den Saft auspressen. Das Fruchtfleisch der Äpfel und der Birnen mit dem Gelierzucker sowie Limettenschale und -saft in einen Topf geben, gut vermengen und etwa 2 Stunden durchziehen lassen.

3 Die Einmachgläser heiß auswaschen und mindestens 10 Minuten im Backofen bei 120 °C sterilisieren; Schraubdeckel oder Gummiringe mit kochendem Wasser übergießen.

4 Die Fruchtmasse unter Rühren aufkochen und etwa 4 Minuten sprudelnd kochen lassen, dann eine Gelierprobe machen: Etwas Fruchtmasse auf einen kleinen Teller geben und kurz in den Kühlschrank stellen. Wenn die Masse noch nicht geliert, alles nochmals kurz durchkochen lassen.

5 Die Marmelade vom Herd nehmen. Die Estragonblättchen abzupfen und zügig unter die Marmelade rühren.

6 Die Einmachgläser aus dem Backofen nehmen (Küchenhandschuhe verwenden!) und die sehr heiße Marmelade sofort bis knapp unter den Rand einfüllen. Den Rand säubern, die Gläser gut verschließen und auskühlen lassen.

Kürbismarmelade
mit Zitrone

ZUTATEN FÜR 1,5–2 LITER

1–2 Hokkaido-Kürbisse
(1,2 kg Fruchtfleisch)

1 kg Gelierzucker 2:1

3 unbehandelte Zitronen

400 ml Orangensaft

200 ml Weißwein

3 Gewürznelken

Ingwerpulver (nach Geschmack)

2 TL Vanillezucker

6–8 Einmachgläser (s. Tipp S. 18)
à 250 ml Inhalt

ZUBEREITUNGSZEIT: 35 MINUTEN
RUHEZEIT: 1 STUNDE

1 Den Kürbis halbieren, entkernen und schälen. Das Fruchtfleisch in kleine Würfel schneiden, mit dem Gelierzucker in einem großen Topf mischen und etwa 1 Stunde durchziehen lassen.

2 Die Einmachgläser heiß auswaschen und mindestens 10 Minuten im Backofen bei 120 °C sterilisieren; Schraubdeckel oder Gummiringe mit kochendem Wasser übergießen.

3 Inzwischen von zwei Zitronen die Schale abreiben und den Saft auspressen. Die dritte Zitrone in feine Scheiben schneiden.

4 Die Kürbismasse mit Zitronenschale, -saft und -scheiben sowie dem Orangensaft, dem Weißwein, den Gewürznelken, dem Ingwerpulver und dem Vanillezucker in einem Topf vermischen und unter Rühren zum Kochen bringen. Die Masse so lange kochen, bis der Kürbis weich und der Gelierpunkt erreicht ist (siehe Packungsangabe des Gelierzuckers). Dann die Gewürznelken entfernen.

5 Die Einmachgläser aus dem Backofen nehmen (Küchenhandschuhe verwenden!) und die sehr heiße Marmelade sofort bis knapp unter den Rand einfüllen. Den Rand säubern, die Gläser gut verschließen und auskühlen lassen.

Kartoffel-Apfel-Marmelade
mit Vanille

1 Die Einmachgläser heiß auswaschen und mindestens 10 Minuten im Backofen bei 120 °C sterilisieren; Schraubdeckel oder Gummiringe mit kochendem Wasser übergießen.

2 Die Äpfel schälen, die Kerngehäuse entfernen und das Fruchtfleisch raspeln. Die Kartoffeln schälen und ebenfalls fein raspeln. Die Vanilleschote längs aufschneiden. Die Zitrone auspressen.

3 Den Zitronensaft mit den Apfel- und Kartoffelraspeln in einen Topf geben. Die aufgeschnittene Vanilleschote und den Apfelsaft untermengen.

4 Die Mischung unter Rühren zum Kochen bringen und etwa 5 Minuten köcheln lassen, bis die Kartoffeln gar sind. Gelierzucker und Rum zufügen und alles etwa 4 Minuten unter ständigem Rühren sprudelnd kochen lassen.

5 Eine Gelierprobe machen: Etwas Fruchtmasse auf einen kleinen Teller geben und kurz in den Kühlschrank stellen. Wenn die Masse noch nicht geliert, alles nochmals kurz durchkochen lassen. Vom Herd nehmen, die Vanilleschote entfernen.

6 Die Einmachgläser aus dem Backofen nehmen (Küchenhandschuhe verwenden!) und die sehr heiße Marmelade sofort bis knapp unter den Rand einfüllen. Den Rand säubern, die Gläser gut verschließen und auskühlen lassen.

ZUTATEN FÜR 1,25 LITER

400 g säuerliche Äpfel

400 g mehligkochende Kartoffeln

1 Zitrone · 1 Vanilleschote

500 ml Apfelsaft · 600 g Gelierzucker 2:1

etwa 2 cl Rum

5 Einmachgläser (s. Tipp S. 18) à 250 ml Inhalt

ZUBEREITUNGSZEIT: 30 MINUTEN
GARZEIT: ETWA 10 MINUTEN

Tomatenmarmelade
mit Chilischoten

1 Die Einmachgläser heiß auswaschen und mindestens 10 Minuten im Backofen bei 120 °C sterilisieren; Schraubdeckel oder Gummiringe mit kochendem Wasser übergießen.

2 Die Tomaten waschen, putzen, die Hälfte grob zerkleinern und fein pürieren, den Rest in kleine Würfel schneiden. Die Chilischoten waschen, putzen und halbieren, Kerne und Innenhäute entfernen, die Chilischoten in Streifen schneiden.

3 Tomaten und Chilis in einen Topf geben und mit dem Gelierzucker vermischen. Unter ständigem Rühren langsam erhitzen. Wenn die Masse kocht, den Balsamicoessig nach Geschmack und gewünschter Farbintensität zugeben.

4 Die Marmelade 4–5 Minuten sprudelnd kochen lassen. Vom Herd nehmen und eine Gelierprobe machen: Etwas Fruchtmasse auf einen kleinen Teller geben und kurz in den Kühlschrank stellen. Wenn die Masse noch nicht geliert, alles nochmals 2–3 Minuten kochen.

5 Die Einmachgläser aus dem Backofen nehmen (Küchenhandschuhe verwenden!) und die sehr heiße Marmelade sofort bis knapp unter den Rand einfüllen. Den Rand säubern, die Gläser gut verschließen und auskühlen lassen.

ZUTATEN FÜR 1 LITER

500 g sehr reife schwarze Tomaten

500 g sehr reife rote Tomaten

2 Chilischoten

500 g Gelierzucker 2:1

etwa 75 ml Balsamicoessig (nach Bedarf)

4 Einmachgläser (s. Tipp S. 18) à 250 ml Inhalt

ZUBEREITUNGSZEIT: 30 MINUTEN
GARZEIT: ETWA 4 MINUTEN

TIPP

Schwarze Tomaten sind sehr aromatisch. Derzeit werden verschiedene Sorten vor allem von Ökobauern wiederentdeckt. Die Tomaten sind auch in gut sortierten Supermärkten erhältlich.

Eingelegtes
süß & pikant

Apfelkompott
mit Weißwein

ZUTATEN FÜR 4 PERSONEN

750 g Äpfel

Für den Sud:

1 unbehandelte Zitrone

450 ml Wasser

50 ml Weißwein

1 Zimtstange

80–100 g Zucker

2 TL Vanillezucker

ZUBEREITUNGSZEIT: 20 MINUTEN
GARZEIT: ETWA 15 MINUTEN

1 Für den Sud die Zitrone halbieren. Eine Hälfte hauchdünn schälen (ohne die weiße Haut), beide Hälften auspressen.

2 In einem großen Topf Zitronenschale und -saft mit 450 ml Wasser, dem Weißwein und der Zimtstange vermischen und alles langsam zum Kochen bringen.

3 Die Äpfel schälen, die Kerngehäuse entfernen und das Fruchtfleisch in Spalten oder Würfel schneiden. Die Äpfel sofort in den kochenden Sud geben, alles rasch aufkochen lassen und bei geringer Hitze in 5–10 Minuten gar ziehen lassen, sodass die Äpfel weich sind, aber nicht zerfallen. Die Zitronenschale und die Zimtstange entfernen.

4 Das noch warme Apfelkompott nach Geschmack mit dem Zucker süßen und mit dem Vanillezucker abrunden. Warm oder kalt servieren.

TIPP

Natürlich können Sie das Kompott auch in Einmachgläser füllen. Dann verfahren Sie wie in den anderen Rezepten: Zunächst die Einmachgläser im Backofen sterilisieren und schließlich das heiße Kompott in die warmen Gläser einfüllen. Den Rand säubern, die Gläser gut verschließen und an einem kühlen Ort aufbewahren.

Preiselbeerkompott
mit Vanille

1 Die Preiselbeeren sorgfältig verlesen, gründlich waschen und gut abtropfen lassen. Von der heiß abgewaschenen Zitronenhälfte die Schale abreiben, nach Belieben den Saft auspressen.

2 Die Einmachgläser heiß auswaschen und mindestens 10 Minuten im Backofen bei 120 °C sterilisieren; Schraubdeckel oder Gummiringe mit kochendem Wasser übergießen.

3 Die Beeren in einem Topf mit dem Zucker mischen, die abgeriebene Zitronenschale und gegebenenfalls den Zitronensaft sowie den Vanillezucker und 150–250 ml Wasser zugeben. Alles zum Kochen bringen und in 5–10 Minuten zugedeckt gar köcheln lassen.

4 Die Einmachgläser aus dem Backofen nehmen (Küchenhandschuhe verwenden!) und das sehr heiße Apfelkompott sofort bis knapp unter den Rand einfüllen. Den Rand säubern, die Gläser gut verschließen und auskühlen lassen.

ZUTATEN FÜR 1,5–2,5 LITER

750 g reife Preiselbeeren

½ unbehandelte Zitrone (oder Orange)

150–200 g Zucker · 2 TL Vanillezucker

125–250 ml Wasser

3–5 Einmachgläser (s. Tipp S. 18) à 500 ml

ZUBEREITUNGSZEIT: 35 MINUTEN
GARZEIT: ETWA 7 MINUTEN

TIPP

Eingemachte Preiselbeeren passen besonders gut zu Wildgerichten. Da sie roh recht sauer schmecken, werden sie meist in verarbeiteter Form verkauft. Frische Preiselbeeren bekommen Sie beispielsweise im Herbst auf dem Markt.

Stachelbeer-Kaffee-Kompott
mit Pistaziensahne

1 Die Stachelbeeren waschen und trocken tupfen. Mit dem Zucker, dem Kaffee, dem Weißwein und dem Apfelsaft in einen Topf geben und vermischen. Zum Kochen bringen und etwa 5 Minuten bei geringer Hitze köcheln lassen.

2 Die Speisestärke mit 1–2 Esslöffeln Wasser verrühren, zu den Stachelbeeren geben, unter Rühren nochmals aufkochen und leicht andicken lassen.

3 Das Kompott auf vier Schälchen verteilen und mindestens 30 Minuten auskühlen lassen. Vor dem Servieren auf jede Portion einen Klecks Schlagsahne setzen und das Ganze mit Pistazien bestreuen.

ZUTATEN FÜR 4 PERSONEN

500 g Stachelbeeren · 75 g Zucker

½ TL fein gemahlener Kaffee

200 ml trockener Weißwein

200 ml Apfelsaft · 1–2 TL Speisestärke

4 EL Schlagsahne · 1 EL gemahlene Pistazien

ZUBEREITUNGSZEIT: 20 MINUTEN
GARZEIT: ETWA 5 MINUTEN
AUSKÜHLZEIT: 30 MINUTEN

Aprikosenkompott
mit Quark und Mandeln

ZUTATEN FÜR 4–6 PERSONEN

Für das Kompott:

750 g Aprikosen

Für den Sud:

500 ml Wasser

Saft von ½ Zitrone

100–150 g Zucker
(nach Geschmack)

Für den Quark:

150–200 g Quark (0,2 % Fett)
oder Magerquark

50 ml Sauerrahm

2 TL Vanillezucker

abgeriebene Schale von
¼ unbehandelten Zitrone

½ TL Rum

Puderzucker (nach Geschmack)

Für die Garnitur:

100 g ganze, ungeschälte Mandeln

ZUBEREITUNGSZEIT: 30 MINUTEN

1 In einem Topf Wasser zum Kochen bringen. Die Aprikosen kreuzweise einschneiden, kurz mit einem Schaumlöffel ins kochende Wasser halten, kalt abschrecken, schälen, halbieren und entsteinen.

2 In einem anderen Topf 500 ml Wasser für den Sud mit dem Zitronensaft und dem Zucker zum Kochen bringen.

3 Portionsweise die Aprikosen in den kochenden Sud legen und alles nochmals aufkochen. Zugedeckt gar ziehen, aber nicht verkochen lassen.

4 Die Früchte mit dem Schaumlöffel herausnehmen und auf Schälchen verteilen. Wenn alle Früchte gegart sind, den Sud etwas abkühlen lassen und dann über die Früchte gießen.

5 Den Quark mit dem Sauerrahm glatt rühren. Dann den Vanillezucker, die abgeriebene Zitronenschale und den Rum gut unterrühren. Nach Geschmack Puderzucker darübersieben und einrühren.

6 Zum Servieren auf jede Portion Kompott einen Klecks Quarkmasse geben. Die Mandeln in Scheibchen schneiden und darüberstreuen.

TIPP

Wenn Sie für die Garnitur fertige Mandelblättchen verwenden, sparen Sie sich den letzten Arbeitsschritt.
Auch das Aprikosenkompott lässt sich mit der Heißeinfüllmethode einmachen.

Gemischte Nüsse
mit Rotweinsirup

ZUTATEN FÜR 1–2 LITER

500 g gemischte Nüsse
(z. B. Mandeln, Haselnüsse,
Cashewkerne)

Pro Glas:

3 Gewürznelken

3 Pimentkörner

¼ Zimtstange

1 Sternanis (nach Belieben)

Für den Sirup:

500 g Zucker

1,2 l Rotwein (z. B. Spätburgunder)

4–8 Einmachgläser (s. Tipp S. 18)
à 250 ml Inhalt

ZUBEREITUNGSZEIT: 30 MINUTEN
RUHEZEIT: 1 WOCHE

1 Die Einmachgläser heiß auswaschen und mindestens 10 Minuten im Backofen bei 120 °C sterilisieren; Schraubdeckel oder Gummiringe mit kochendem Wasser übergießen.

2 Die Nüsse in einer Pfanne ohne Fett und unter ständigem Rühren leicht goldbraun anrösten. Dann sofort herausnehmen und abkühlen lassen.

3 Die Einmachgläser aus dem Backofen nehmen (Küchenhandschuhe verwenden!), die Nüsse zusammen mit den Gewürzen bis knapp unter den Rand in die Gläser füllen.

4 Für den Sirup den Zucker bei geringer Hitze in einem großen Topf schmelzen lassen. Mit dem Rotwein ablöschen, aufgießen und etwas einkochen lassen. Der Sirup sollte etwa eine honigähnliche Konsistenz haben.

5 So viel von dem sehr heißen Sirup auf die Nüsse gießen, dass diese davon bedeckt sind. Die Gläser gut verschließen, auskühlen lassen und an einem dunklen, trockenen Ort aufbewahren. Etwa 1 Woche durchziehen lassen.

Zitrusfrüchte
mit Vanilleschote eingelegt

ZUTATEN FÜR 1 LITER

500 g Zucker

500 ml Wasser

4 unbehandelte Orangen

4 unbehandelte Zitronen

1 Vanilleschote

6 cl Orangenlikör

2 Einmachgläser (s. Tipp S. 18)
à 500 ml Inhalt

ZUBEREITUNGSZEIT: 20 MINUTEN
GARZEIT: ETWA 15 MINUTEN

1 Die Einmachgläser heiß auswaschen und mindestens 10 Minuten im Backofen bei 120 °C sterilisieren; Schraubdeckel oder Gummiringe mit kochendem Wasser übergießen.

2 Den Zucker mit dem Wasser in einen großen Topf geben, aufkochen lassen und unter Rühren bei geringer Hitze etwa 10 Minuten zu Sirup einkochen lassen.

3 Die Orangen und die Zitronen heiß abwaschen, trocken reiben und in etwa gleich dicke Scheiben schneiden.

4 Die Vanilleschote längs aufschneiden und zusammen mit den Zitrusscheiben und dem Orangenlikör zum Zuckersirup geben. Alles 1–2 Minuten weiterköcheln lassen.

5 Die Einmachgläser aus dem Backofen nehmen (Küchenhandschuhe verwenden!) und die sehr heiße Sirup-Frucht-Masse sofort bis knapp unter den Rand einfüllen. Den Rand säubern, die Gläser gut verschließen und auskühlen lassen.

TIPP

Wenn Sie keine Vanilleschote zur Hand haben, können Sie sie auch durch ein Päckchen echten Vanillezucker ersetzen.

Birnenkompott
mit Zimt und Ingwer

1 Den Backofen auf 130 °C (Ober- und Unterhitze) vorheizen. Die Fettpfanne des Backofens etwa 1 cm hoch mit warmem Wasser füllen.

2 Die Einmachgläser mit sehr heißem Wasser ausspülen und umgedreht auf einem sauberen Geschirrtuch abtropfen lassen.

3 Für den Sud die Zitrone heiß abwaschen, abtrocknen und ein großes Stück Schale (ohne die weiße Haut) hauchdünn abschälen. Den Saft der Zitrone auspressen.

4 In einem Topf 1,2 Liter Wasser mit dem Weißwein, dem Zimt, dem Ingwer, der Zitronenschale und dem ausgepressten Saft erwärmen.

5 Inzwischen die Birnen schälen, halbieren oder vierteln, entkernen und in die Einmachgläser halbvoll einschichten. Den Sud auf die Gläser verteilen und diese gut verschließen.

6 Die Gläser mit Abstand auf die vorbereitete Fettpfanne stellen und im Ofen auf unterster Einschubhöhe 10–20 Minuten (je nach der Größe der Birnenstücke) einkochen lassen, sodass die Früchte weich sind, aber nicht zerfallen. Die Einkochzeit beginnt, wenn die Flüssigkeit in den Gläsern zu „perlen" anfängt, sich darin also Bläschen bilden.

ZUTATEN FÜR 1,2–2 LITER

1,5 kg Birnen

Für den Sud:

1 unbehandelte Zitrone

1,2 l Wasser · 200 ml Weißwein

1 Zimtstange · 1 Stück frischer Ingwer (2–3 cm)

3–5 Einmachgläser (s. Tipp) à 400 ml Inhalt

ZUBEREITUNGSZEIT: 40 MINUTEN
GARZEIT: ETWA 20 MINUTEN

TIPP

Für das Einkochen im Backofen eignen sich „traditionelle" Einmachgläser mit Gummiring, Glasdeckel und meist einer Halteklammer besser. Schraubdeckel können sich im Ofen verformen.

Eingelegte Pflaumen
mit Ingwer und Gewürzen

1 Die Einmachgläser heiß auswaschen und mindestens 10 Minuten im Backofen bei 120 °C sterilisieren.

2 Die Pflaumen waschen, seitlich aufschneiden (aber im Ganzen lassen) und die Steine entfernen. Mit dem Zucker und etwa 300 ml Wasser in einen Topf geben und alles zum Kochen bringen.

3 Den Ingwer schälen und grob hacken. Mit dem Rum, dem Lorbeerblatt, den Gewürznelken sowie den Pimentkörnern zur Pflaumenmasse hinzufügen und alles unter gelegentlichem Rühren 10–15 Minuten köcheln lassen.

4 Die Einmachgläser aus dem Backofen nehmen (Küchenhandschuhe verwenden!) und die Pflaumen mit den Gewürzen und dem Sud sofort bis knapp unter den Rand einfüllen. Den Rand säubern, die Gläser gut verschließen und auskühlen lassen.

ZUTATEN FÜR 1 LITER

800 g Pflaumen

300 g Zucker

etwa 300 ml Wasser

60 g frischer Ingwer

etwa 100 ml Rum (mindestens 45 % Alkohol)

1 Lorbeerblatt

5 ganze Gewürznelken

3 Pimentkörner

2 Einmachgläser (s. Tipp S. 60) à 500 ml Inhalt

ZUBEREITUNGSZEIT: 35 MINUTEN
GARZEIT: ETWA 20 MINUTEN

Pfefferkirschen
mit Rotwein und Gewürzen

ZUTATEN FÜR 1 LITER

1 kg Schattenmorellen

350 ml Rotweinessig

400 ml Rotwein

800 g Zucker

1 EL rosa Pfeffer (Schinusbeeren)

1 TL schwarze Pfefferkörner

1 TL Szechuanpfeffer

2 Lorbeerblätter

½ Zimtstange

1 Stück unbehandelte Orangenschale

2 Einmachgläser (s. Tipp S. 60)
à 500 ml Inhalt

ZUBEREITUNGSZEIT: 40 MINUTEN
GARZEIT: 30 MINUTEN
RUHEZEIT: 12 STUNDEN +
1 WOCHE

1 Die Kirschen waschen, einschneiden (aber im Ganzen lassen), Stiele und Kerne entfernen. Jede Kirsche mit einer Gabel rundherum einige Male einstechen, alle Früchte eine Schüssel füllen.

2 Den Essig mit dem Rotwein, dem Zucker, den Pfeffersorten sowie den Lorbeerblättern, der Zimtstange und der Orangenschale in einem Topf aufkochen und über die Kirschen gießen. Die Schüssel abdecken und alles über Nacht im Kühlschrank durchziehen lassen.

3 Am nächsten Tag die Einmachgläser mit sehr heißem Wasser ausspülen und auf einem sauberen Geschirrtuch abtropfen lassen.

4 Die Kirschen durch ein Sieb abseihen, die Flüssigkeit auffangen. Die Kirschen auf die Einmachgläser verteilen. Die Flüssigkeit nochmals aufkochen und sofort über die Kirschen gießen. Die Gläser gut verschließen.

5 Einen breiten Kochtopf mit einem Küchentuch auslegen und die verschlossenen Einmachgläser ungedreht so daraufstellen, dass sie sich nicht berühren. In den Topf so viel Wasser angießen, dass die Gläser bis zur Hälfte im Wasser stehen, und zugedeckt etwa 20 Minuten einkochen. Die Einkochzeit beginnt, wenn die Flüssigkeit in den Gläsern zu „perlen" anfängt, sich darin also Bläschen bilden.

6 Die Pfefferkirschen aus dem Wasser nehmen und auskühlen lassen. Vor dem Verzehr am besten noch 1 Woche durchziehen lassen.

TIPP

Die Kirschen sind mindestens 3 Monate haltbar. Beim rosa Pfeffer handelt es sich nicht um Pfeffer im eigentlichen Sinn – er ist nicht mit dem schwarzen, weißen und grünen Pfeffer verwandt –, sondern um mild aromatische Beeren, die am Brasilianischen Pfefferbaum *(Schinus terebinthifolius)* wachsen.

Marinierte Pilze
mit Frühlingszwiebeln

ZUTATEN FÜR 2–3 LITER

Für die Pilze:

2–3 Frühlingszwiebeln

1 kg gemischte Pilze
(z. B. Egerlinge, Steinpilze,
Champignons, Pfifferlinge)

Für den Sud:

1 l Wasser

100–200 ml Weißwein

50 ml Essig

4 Lorbeerblätter

1–2 EL Senfkörner

4–6 Zweige Rosmarin

Salz

1 Prise Zucker

4–6 Einmachgläser (s. Tipp S. 60)
à 500 ml Inhalt

ZUBEREITUNGSZEIT: 35 MINUTEN
RUHEZEIT: 1 WOCHE

1 Den Backofen auf 130 °C (Ober- und Unterhitze) vorheizen. Die Fettpfanne des Backofens etwa 1 cm hoch mit warmem Wasser füllen.

2 Die Einmachgläser mit sehr heißem Wasser ausspülen und umgedreht auf einem sauberen Geschirrtuch abtropfen lassen.

3 Die Frühlingszwiebeln putzen, der Länge nach halbieren und in Stücke schneiden. Die Pilze putzen, möglichst ganz lassen. Pilze und Frühlingszwiebeln so in die Gläser füllen, dass diese drei viertel voll sind.

4 Für den Sud 1 Liter Wasser, Weißwein und Essig in einen Topf geben, Lorbeerblätter, Senfkörner und Rosmarin hinzufügen. Alles erhitzen und mit Salz und Zucker abschmecken. Den sehr heißen Sud randvoll über die Pilze gießen, die Glasränder säubern und die Gläser sofort gut verschließen.

5 Die Gläser mit Abstand auf die vorbereitete Fettpfanne stellen und im Backofen auf unterster Einschubhöhe in etwa 10 Minuten einkochen lassen. Die Einkochzeit beginnt, wenn die Flüssigkeit in den Gläsern zu „perlen" anfängt, sich darin also Bläschen bilden.

6 Die Pilze langsam abkühlen und vor dem Verzehr etwa 1 Woche durchziehen lassen.

TIPP

Am besten verwenden Sie die jeweiligen Pilze der Saison: Champignons im Frühling, Pfifferlinge im Sommer, Steinpilze im Herbst und Egerlinge im Winter.

Eingemachtes Gemüse
köstlich und bunt

ZUTATEN FÜR 1 LITER

Für das Gemüse:

4 rote Paprikaschoten · 2 gelbe Spitzpaprika

1 unbehandelte Zitrone · Salz

8 Perlzwiebeln · 2 Zweige Rosmarin

Für den Sud:

200 ml Weißweinessig

4 EL Olivenöl · 200 ml Wasser · 40 g Zucker

Salz · 1 EL Pfefferkörner

2 Einmachgläser (s. Tipp S. 60) à 500 ml Inhalt

ZUBEREITUNGSZEIT: 30 MINUTEN
GARZEIT: ETWA 4 MINUTEN
RUHEZEIT: 1 WOCHE

1 Die Einmachgläser heiß auswaschen und mindestens 10 Minuten im Backofen bei 120 °C sterilisieren.

2 Die roten und gelben Paprikaschoten waschen, halbieren, Strunk, Innenhäute und Kerne entfernen. Die Paprika in dicke, längliche Streifen schneiden. Die Zitrone heiß abwaschen und in Scheiben schneiden.

3 In einem Topf Salzwasser zum Kochen bringen. Inzwischen die Zwiebeln schälen und halbieren. Zwiebelhälften und Paprikastreifen im kochenden Salzwasser 3–4 Minuten blanchieren, herausnehmen und gut abtropfen lassen.

4 Die Einmachgläser aus dem Backofen nehmen (Küchenhandschuhe verwenden!). Zwiebeln und Paprika mit dem klein gezupften Rosmarin und den Zitronenscheiben hineinfüllen.

5 Für den Sud den Essig mit dem Öl, 200 ml Wasser, Zucker, Salz und den Pfefferkörnern aufkochen lassen. Über das Gemüse gießen, sodass alles gut bedeckt ist. Den Rand säubern, die Gläser fest verschließen und auskühlen lassen. Bis zum Verzehr an einem kühlen, dunklen Ort 1 Woche durchziehen lassen.

Perlzwiebeln
süsssauer eingelegt

1 Die Einmachgläser heiß auswaschen und mindestens 10 Minuten im Backofen bei 120 °C sterilisieren.

2 Die Perlzwiebeln mit kochendem Wasser überbrühen und die Schale abziehen. In einem Topf Salzwasser zum Kochen bringen. Die Perlzwiebeln darin 2–3 Minuten blanchieren, herausnehmen und abtropfen lassen.

3 Die Einmachgläser aus dem Backofen nehmen (Küchenhandschuhe verwenden!) und die Zwiebeln bis knapp unter den Rand einfüllen.

4 In einem Topf den Essig mit 150 ml Wasser, dem Salz, dem Zucker, dem Honig, den Pfefferkörnern, den Gewürznelken und den Chilischoten aufkochen lassen.

5 Mit diesem heißen Sud sofort die Perlzwiebeln im Glas übergießen, sodass alles bedeckt ist. Die Glasränder säubern, die Gläser gut verschließen und auskühlen lassen. Vor dem Verzehr die eingelegten Perlzwiebeln 1 Woche durchziehen lassen.

ZUTATEN FÜR 1 LITER

750 g Perlzwiebeln · Salz

Für den Sud:

150 ml Weißweinessig · 150 ml Wasser

20 g Meersalz · 100 g brauner Zucker

100 g Honig · 1 EL schwarze Pfefferkörner

1 TL Gewürznelken

2 getrocknete Chilischoten

1 Einweckglas (s. Tipp S. 60) à 1 l Inhalt

ZUBEREITUNGSZEIT: 20 MINUTEN
GARZEIT: ETWA 4 MINUTEN
RUHEZEIT: 1 WOCHE

Eingelegte Zwiebeln
perfekt zur deftigen Brotzeit

ZUTATEN FÜR 1–1,6 LITER

500 g Zwiebeln

Für den Sud:

60 g Zucker

3–5 geschälte Knoblauchzehen

35 ml Rotweinessig

35 ml Balsamicoessig

250 ml trockener Rotwein

2 Zweige Rosmarin

2 Lorbeerblätter

4 Wacholderbeeren

3 Zweige Thymian

6–8 kleine Einmachgläser
(s. Tipp S. 60) à 200 ml Inhalt

ZUBEREITUNGSZEIT: 30 MINUTEN
GARZEIT: ETWA 30 MINUTEN
RUHEZEIT: 2 TAGE

1 Den Backofen auf 130 °C (Ober- und Unterhitze) vorheizen. Die Fettpfanne des Backofens etwa 1 cm hoch mit warmem Wasser füllen.

2 Die Einmachgläser mit sehr heißem Wasser ausspülen und umgedreht auf einem sauberen Geschirrtuch abtropfen lassen.

3 Die Zwiebeln schälen und in feine Ringe schneiden, diese nach Belieben halbieren.

4 Für den Sud den Zucker in einem Topf bei mittlerer Hitze schmelzen lassen. Wenn der Zucker anfängt zu bräunen, die Zwiebeln und die Knoblauchzehen zugeben, kurz andünsten und mit Essig und Rotwein aufgießen. Die Kräuter zugeben und alles 5–10 Minuten köcheln lassen.

5 Die Kräuter und die Knoblauchzehen aus dem Topf entfernen. Die Zwiebelmischung in die Einmachgläser einfüllen, diese sofort verschließen.

6 Die Gläser mit Abstand auf die vorbereitete Fettpfanne stellen und im Backofen auf unterster Einschubhöhe in 10 Minuten einkochen. Die Einkochzeit beginnt, wenn die Flüssigkeit in den Gläsern zu „perlen" anfängt, sich darin also Bläschen bilden.

7 Anschließend die Zwiebeln auskühlen lassen. Vor dem Verzehr 2 Tage durchziehen lassen.

Eingelegter Kürbis
pikant gewürzt

1 Die Einmachgläser heiß ausspülen und mindestens 10 Minuten im Backofen bei 120 °C sterilisieren; Schraubdeckel oder Gummiringe mit kochendem Wasser übergießen.

2 Das Kürbisfruchtfleisch in grobe Würfel schneiden. Von der Zitrone die Schale hauchdünn (ohne die weiße Haut), aber möglichst großflächig abschälen und den Saft auspressen.

3 Das Kürbisfruchtfleisch mit Zitronenschale und -saft sowie dem Essig, dem Apfelsaft, den Chilischoten, den Gewürznelken, dem Sternanis, Zucker und Salz in einen Topf geben. Alles zum Kochen bringen und den Kürbis bei geringer Hitze in etwa 10 Minuten bissfest garen.

4 Die Einmachgläser aus dem Backofen nehmen (Küchenhandschuhe verwenden!) und die sehr heiße Kürbismischung sofort bis knapp unter den Rand einfüllen. Den Rand säubern, die Gläser sofort gut verschließen und auskühlen lassen. Vor dem Verzehr am besten mindestens 2 Tage durchziehen lassen.

ZUTATEN FÜR 800 ML

400 g Kürbisfruchtfleisch (z. B. Muskatkürbis), entkernt

1 unbehandelte Zitrone

200 ml Apfelessig

200 ml klarer Apfelsaft

2 rote Chilischoten · 6 Gewürznelken

2 Sternanis · 2 EL Zucker · 1 TL Salz

2 Einmachgläser (s. Tipp S. 18) à 400 ml Inhalt

ZUBEREITUNGSZEIT: 15 MINUTEN
GARZEIT: ETWA 15 MINUTEN
RUHEZEIT: 2 TAGE

Fenchel-Karotten-Gemüse
mit Weißwein

1 Die Einmachgläser heiß auswaschen und mindestens 10 Minuten im Backofen bei 120 °C sterilisieren; Schraubdeckel oder Gummiringe mit kochendem Wasser übergießen.

2 Die Karotten schälen, der Länge nach halbieren und in Scheiben schneiden. Die Fenchelknollen achteln, das Grün entfernen, den Strunk etwas zurückschneiden.

3 Für den Sud Gemüsebrühe, Weißwein und Essig mit dem Zitronensaft, dem Sternanis und den Senfkörnern in einem großen Topf zum Kochen bringen und mit Salz und Zucker abschmecken.

4 Karotten und Fenchel in den kochenden Sud geben und in 5–10 Minuten garen, bis das Gemüse gerade noch bissfest ist.

5 Die Einmachgläser aus dem Backofen nehmen (Küchenhandschuhe verwenden!) und die Karotten- und Fenchelstücke bis knapp unter den Rand hineinfüllen. Den sehr heißen Sud darübergießen, die Ränder säubern, die Gläser sofort gut verschließen und auskühlen lassen.

ZUTATEN FÜR 2–3 LITER

Für das Gemüse:

500 g Karotten · 4–6 Fenchelknollen

Für den Sud:

1,5 l Gemüsebrühe · 100 ml Weißwein

100–200 ml Weißweinessig

1 EL Zitronensaft · 1–2 Sternanis

1 TL Senfkörner · Salz · Zucker

4–6 Einmachgläser (s. Tipp S. 18) à 500 ml Inhalt

ZUBEREITUNGSZEIT: 30 MINUTEN
GARZEIT: ETWA 7 MINUTEN

Knoblauchzehen
eingelegt im Glas

ZUTATEN FÜR 500 ML

500 g frischer Knoblauch

Salz

1 TL Kümmel

1 EL Senfkörner

1 TL Wacholderbeeren

200 ml Weißweinessig

100 ml Wasser

60 g Zucker

1 Einmachglas (s. Tipp S. 18)
à 500 ml Inhalt

ZUBEREITUNGSZEIT: 30 MINUTEN
GARZEIT: ETWA 5 MINUTEN

1 Das Einmachglas mindestens 10 Minuten im Backofen bei 120 °C sterilisieren; Schraubdeckel oder Gummiring mit kochendem Wasser übergießen.

2 In einem Topf Salzwasser zum Kochen bringen. Die Knoblauchzehen schälen und im Ganzen etwa 5 Minuten im Salzwasser kochen lassen. Herausnehmen und abtropfen lassen.

3 Das Einmachglas aus dem Backofen nehmen (Küchenhandschuhe verwenden!), den Knoblauch mit dem Kümmel, den Senfkörnern und den Wacholderbeeren hineinfüllen.

4 In einem Topf den Essig mit ½ Teelöffel Salz, 100 ml Wasser und dem Zucker aufkochen. Den Sud sehr heiß über die Knoblauchzehen gießen, den Rand säubern, das Glas gut verschließen und auskühlen lassen.

Salzzitronen im Glas
sauer-würzig eingelegt

ZUTATEN FÜR 2 LITER

2 TL schwarze Pfefferkörner

10 unbehandelte Zitronen

200 g Salz

8 frische Lorbeerblätter

etwa 150 ml Olivenöl

4 Einmachgläser à 500 ml Inhalt

ZUBEREITUNGSZEIT: 20 MINUTEN
RUHEZEIT: 12 STUNDEN +
4 WOCHEN

1 Die Einmachgläser heiß auswaschen und mindestens 10 Minuten im Backofen bei 120 °C sterilisieren; Schraubdeckel oder Gummiringe mit kochendem Wasser übergießen.

2 Die Pfefferkörner im Mörser grob zerstoßen. Acht Zitronen heiß waschen, trocken tupfen und vierteln.

3 Die Zitronenviertel abwechselnd mit Salz, Lorbeerblättern und Pfeffer in die Einmachgläser schichten und gut andrücken. Abdecken und über Nacht durchziehen lassen.

4 Die übrigen Zitronen auspressen, den Saft auf die Gläser verteilen und zum Schluss alles mit Öl vollständig bedecken. Die Gläser gut verschließen, die Salzzitronen vor dem Verbrauch am besten mindestens 4 Wochen an einem kühlen, dunklen Ort durchziehen lassen.

Eingelegte Paprikaschoten
mit Kapern und Thymian

ZUTATEN FÜR 1,25 LITER

1 kg Paprikaschoten, gelb und rot

3 Knoblauchzehen · Salz · 4 EL Kapern

10 Zweige Thymian · 1 unbehandelte Zitrone

250 ml Wasser · 250 ml Weinessig

50 g Zucker · 2 Lorbeerblätter

5 Einmachgläser (s. Tipp S. 18) à 250 ml Inhalt

ZUBEREITUNGSZEIT: 30 MINUTEN
GARZEIT: ETWA 5 MINUTEN

1 Die Einmachgläser heiß auswaschen und mindestens 10 Minuten im Backofen bei 120 °C sterilisieren; Schraubdeckel oder Gummiringe mit kochendem Wasser übergießen.

2 Die Paprikaschoten waschen und halbieren, Strunk, Innenhäute und Kerne entfernen. Die Paprikaschoten vierteln und mit einem Sparschäler dünn schälen.

3 Die Knoblauchzehen schälen und in Scheiben schneiden.

4 In einem Topf Salzwasser zum Kochen bringen, die Paprikaschoten darin 2–3 Minuten bissfest blanchieren, herausheben und abtropfen lassen.

5 Die Einmachgläser aus dem Backofen nehmen (Küchenhandschuhe verwenden!). Die Paprikastücke mit dem Knoblauch, den Kapern und dem Thymian vermischen und alles auf die Gläser verteilen.

6 Die Zitrone heiß abwaschen, trocken tupfen, die Schale abreiben und den Saft auspressen.

7 In einem Topf 250 ml Wasser mit Zitronenschale und -saft, dem Essig, Zucker, Lorbeerblättern und ½ Teelöffel Salz aufkochen. Über die Paprikaschoten gießen, bis alles bedeckt ist. Den Rand säubern, die Gläser gut verschließen und auskühlen lassen.

Eingelegte Heringsfilets
mit Zwiebelringen

1 Die Heringsfilets kurz waschen und trocken tupfen. Die Zwiebeln schälen und in feine Ringe schneiden, diese nach Belieben halbieren. Die Gewürzgurken in feine Scheiben schneiden. Den Apfel schälen, vierteln, das Kerngehäuse entfernen und das Fruchtfleisch in kleine Würfel schneiden.

2 Die Hälfte der Zwiebeln, Gurken und Apfelwürfel in ein Gefäß geben, die Fischfilets darauflegen und die zweite Hälfte des Gemüses darüber verteilen.

3 Für die Marinade die heiße Gemüsebrühe mit dem Weißweinessig, dem Weißwein, Pfefferkörnern, Lorbeerblättern und Senf verrühren, mit Salz und Öl abschmecken. Die Marinade über die Heringsfilets gießen und alles 1–2 Stunden durchziehen lassen.

ZUTATEN FÜR 4 PERSONEN

4–6 Heringsfilets · 2 Zwiebeln

2 Gewürzgurken · 1 Apfel

Für die Marinade:

300–500 ml heiße Gemüsebrühe

2–3 EL Weißweinessig

2 EL Weißwein

1 TL schwarze Pfefferkörner

2 Lorbeerblätter · 1 TL Senfkörner

Salz · 2–3 EL Öl

ZUBEREITUNGSZEIT: 20 MINUTEN
RUHEZEIT: 2 STUNDEN

Rinderragout
mit Speck und Kräutern

1 Für das Rinderragout das Gulaschfleisch in 2 cm große Würfel schneiden. Den Speck in feine Streifen schneiden.

2 In einem großen Schmortopf Butterschmalz erhitzen und den Speck darin anbräunen.

3 Das Fleisch mit Salz und Pfeffer würzen, in etwas Mehl wenden und im heißen Butterschmalz gut anbraten.

4 Inzwischen das Suppengrün putzen, das Gemüse und die Zwiebel schälen und in gleichmäßige kleine Würfel schneiden, zum Fleisch geben und etwas mitbraten lassen.

5 Die Knoblauchzehen schälen und in Scheiben schneiden. Wenn das Fleisch rundherum angebräunt ist, geputzte Petersilie (vom Suppengrün), abgezupfte Thymianblättchen, Rosmarin, Knoblauch und Preiselbeeren zugeben. Das Ganze mit dem Rotwein ablöschen, etwas Wasser angießen, sodass das Fleisch bedeckt ist, und in etwa 45 Minuten fast gar schmoren lassen. Dabei gelegentlich umrühren und nach Bedarf Wasser nachgießen.

6 Inzwischen den Backofen auf 130 °C (Ober- und Unterhitze) vorheizen. Die Fettpfanne des Backofens etwa 1 cm hoch mit warmem Wasser füllen und auf der untersten Einschubhöhe in den Ofen geben.

7 Das Ragout in die Gläser einfüllen und diese sofort verschließen. Die Gläser mit Abstand auf die vorbereitete Fettpfanne stellen und im Backofen auf unterster Einschubhöhe in 10 Minuten einkochen. Die Einkochzeit beginnt, wenn die Flüssigkeit in den Gläsern zu „perlen" anfängt, sich darin also Bläschen bilden.

ZUTATEN FÜR 1–1,5 LITER

750 g – 1 kg Gulaschfleisch (vom Rind)

2 Scheiben roher Bauchspeck

Butterschmalz (zum Anbraten)

Salz · frisch gemahlener Pfeffer

Mehl (zum Wenden)

1 Bund Suppengrün · 1 Zwiebel

2–3 Zweige Thymian · 2–3 Zweige Rosmarin

1–2 Knoblauchzehen

1–2 EL eingekochte Preiselbeeren

100–200 ml Rotwein

2–3 große Einmachgläser (s. Tipp S. 60) à 500 ml Inhalt

ZUBEREITUNGSZEIT: 30 MINUTEN
GARZEIT: 1 STUNDE 45 MINUTEN

Wildragout
mit Lorbeer und Wacholder

1 Für das Wildragout das Gulaschfleisch in 2 cm große Würfel schneiden.

2 In einem großen Schmortopf Butterschmalz erhitzen. Das Fleisch mit Salz und Pfeffer würzen, in etwas Mehl wenden und im heißen Butterschmalz gut anbraten.

3 Inzwischen das Suppengrün putzen, das Gemüse und die Zwiebel schälen und in gleichmäßige kleine Würfel schneiden, zum Fleisch geben und etwas mitbraten lassen.

4 Die Knoblauchzehen schälen und in Scheiben schneiden. Wenn das Fleisch rundherum angebräunt ist, abgezupfte Thymianblättchen, grünen Pfeffer, Lorbeerblätter, Wacholderbeeren, Knoblauch und Preiselbeeren zugeben. Das Ganze mit dem Rotwein ablöschen, etwas Wasser angießen, sodass das Fleisch bedeckt ist, und in etwa 45 Minuten fast gar schmoren lassen. Dabei gelegentlich umrühren und nach Bedarf Wasser nachgießen.

5 Inzwischen den Backofen auf 130 °C (Ober- und Unterhitze) vorheizen. Die Fettpfanne des Backofens etwa 1 cm hoch mit warmem Wasser füllen und auf der untersten Einschubhöhe in den Ofen geben.

6 Das Ragout in die Gläser einfüllen und diese sofort verschließen. Die Gläser mit Abstand auf die vorbereitete Fettpfanne stellen und im Backofen auf unterster Einschubhöhe in 10 Minuten einkochen. Die Einkochzeit beginnt, wenn die Flüssigkeit in den Gläsern zu „perlen" anfängt, sich darin also Bläschen bilden.

ZUTATEN FÜR 1–1,5 LITER

750 g–1 kg Gulaschfleisch (Hals, Schulter; z. B. von Hirsch oder Reh)

Butterschmalz (zum Anbraten) · Salz

frisch gemahlener Pfeffer · Mehl (zum Wenden)

1 Bund Suppengrün (ohne Kräuter)

1 Zwiebel · 2–3 Zweige Thymian

1 TL grüner Pfeffer (ohne Flüssigkeit)

2 Lorbeerblätter · 1 TL Wacholderbeeren

1–2 Knoblauchzehen

1–2 EL eingekochte Preiselbeeren

100–200 ml Rotwein

2–3 große Einmachgläser (s. Tipp S. 60) à 500 ml Inhalt

ZUBEREITUNGSZEIT: 35 MINUTEN
GARZEIT: 1 STUNDE 45 MINUTEN

Sauerkraut
mit Äpfeln eingemacht

ZUTATEN FÜR 2 LITER

1 Weißkohl (etwa 1 kg)

2 Äpfel

Für den Sud:

400 ml Weißweinessig

400 ml Wasser

2 EL Salz

1 EL Zucker

1 TL Wacholderbeeren

4 frische Lorbeerblätter

4 Einmachgläser (s. Tipp S. 18) à 500 ml Inhalt

ZUBEREITUNGSZEIT: 30 MINUTEN
GARZEIT: ETWA 10 MINUTEN
RUHEZEIT: 4 WOCHEN

1 Die Einmachgläser heiß auswaschen und mindestens 10 Minuten im Backofen bei 120 °C sterilisieren; Schraubdeckel oder Gummiringe mit kochendem Wasser übergießen.

2 Den Weißkohl vierteln, den Strunk herausschneiden und den Kohl fein hobeln.

3 Die Äpfel waschen, vierteln und die Kerngehäuse entfernen. Das Fruchtfleisch in dünne Spalten schneiden.

4 Für den Sud den Essig mit 400 ml Wasser, Salz, Zucker, Wacholderbeeren und Lorbeerblättern aufkochen lassen. Den Weißkohl hinzufügen und in 4–5 Minuten bissfest kochen. Zum Schluss die Apfelspalten mit in den Topf geben, den Sud nochmals aufkochen lassen. Äpfel und Kohl sofort mit einem Schaumlöffel aus dem Sud nehmen und auf die vorbereiteten Gläser verteilen.

5 Den Sud nochmals aufkochen lassen und kochend heiß über Weißkohl und Äpfel gießen, sodass alles gut bedeckt ist. Den Glasrand säubern, die Gläser gut verschließen und auskühlen lassen. An einem dunklen, kühlen Ort etwa 4 Wochen durchziehen lassen.

Eingelegte Gurken
mit Peperoni und Gewürzen

ZUTATEN FÜR 2–3 LITER

Für die Gurken:

1,5–2 kg kleine Einlegegurken
(gleich groß)

2–3 Zwiebeln

4–6 rote Peperoni

4–6 Sternanis

1 Vanilleschote (in vier Stücken)

1 EL Wacholderbeeren

1 TL weiße Pfefferkörner

1 TL Pimentkörner

1 EL Senfkörner

Für den Sud:

750 ml Wasser

750 ml Weißweinessig

30 g Salz

100 g Zucker

4–6 Einmachgläser (s. Tipp S. 60)
à 500 ml Inhalt

ZUBEREITUNGSZEIT: 30 MINUTEN
GARZEIT: ETWA 30 MINUTEN
RUHEZEIT: 4–6 WOCHEN

1 Den Backofen auf 130 °C (Ober- und Unterhitze) vorheizen. Die Fettpfanne des Backofens 1 cm hoch mit warmem Wasser füllen und auf die unterste Einschubhöhe in den Backofen geben.

2 Die Einmachgläser mit sehr heißem Wasser ausspülen und umgedreht auf einem sauberen Geschirrtuch abtropfen lassen.

3 Die Gurken waschen, trocken tupfen, mit der Gabel mehrmals einstechen und längs halbieren. Die Zwiebeln schälen, halbieren und in Scheiben schneiden. Die Peperoni waschen und nach Belieben halbieren oder in großzügige Stücke schneiden.

4 Die Gurken mit den Zwiebeln, den Peperoni und allen Gewürzen in die Einmachgläser schichten.

5 Für den Sud 750 ml Wasser mit dem Essig, dem Salz und dem Zucker erhitzen. Den heißen Sud über die Gurken gießen und die Gläser sofort gut verschließen. Die Gläser mit Abstand auf die vorbereitete Fettpfanne stellen und im Backofen auf unterster Einschubhöhe in 15 Minuten einkochen. Die Einkochzeit beginnt, wenn die Flüssigkeit in den Gläsern zu „perlen" anfängt, sich darin also Bläschen bilden.

6 Die Gurken nach dem Garen langsam abkühlen lassen, danach kühl und dunkel lagern. Die Gurken vor dem Verzehr 4–6 Wochen durchziehen lassen.

Essig, Öl
& Chutneys

Himbeeressig
mit Basilikum

ZUTATEN FÜR 500 ML

1 kleine Handvoll Himbeeren

1 Stängel Basilikum

4–5 Pimentkörner

500 ml Weißweinessig (oder weißer Balsamicoessig)

1 Glasflasche à 500 ml Inhalt

ZUBEREITUNGSZEIT: 15 MINUTEN
RUHEZEIT: 10–12 TAGE

1 Die Glasflasche heiß ausspülen und mindestens 10 Minuten im Backofen bei 120 °C sterilisieren; Schraubdeckel oder Gummiring mit kochendem Wasser übergießen.

2 Die Himbeeren verlesen. Das Basilikum waschen, trocken schütteln und die Blätter von den Stielen zupfen.

3 Die Himbeeren mit den Basilikumblättern und den Pimentkörnern in die vorbereitete Flasche geben, mit dem Weißweinessig auffüllen und die Flasche gut verschließen. Den Himbeeressig 10–12 Tage an einem dunklen, kühlen Ort durchziehen lassen.

4 Vor der Verwendung des Himbeeressigs ein Sieb mit einem Mulltuch auslegen, auf einen Topf setzen und den Essig durch das Sieb abgießen. Den Essig auffangen, die Flasche heiß ausspülen und den abgeseihten Himbeeressig wieder hineingeben. Dunkel und gekühlt aufbewahren.

Apfelessig
aus Apfelwein

1 Die Glasflaschen heiß ausspülen und mindestens 10 Minuten im Backofen bei 120 °C sterilisieren; Schraubdeckel und Gummiringe mit kochendem Wasser übergießen.

2 Den Apfelwein mit der Essigmutter versetzen und diese Mischung in die Flaschen füllen. Die Flaschenöffnung mit Watte abdecken, diese mit einem Gummiring befestigen.

3 Die Flaschen an einen warmen Ort (25–30 °C) stellen und täglich mehrmals schwenken, um eine gute Sauerstoffzufuhr zu gewährleisten.

4 Nach 1–2 Wochen bildet sich eine dünne Haut auf der Oberfläche; die Flüssigkeit riecht nach Klebstoff. Nach einigen weiteren Wochen hat sich Rohessig gebildet.

5 Der optimale Zeitpunkt zum Abfüllen muss durch Probieren festgestellt werden. Dann den Essig durch ein Sieb filtern, umfüllen und wieder mit einem „Wattedeckel" verschließen.

6 Den Essig kühl und dunkel aufbewahren. Nach 2–3 Monaten ist er nachgereift. Dann in heiß ausgespülte Flaschen umfüllen und dicht verschließen.

ZUTATEN FÜR 2 LITER

2 l Apfelwein (schwefelarm bzw. ungeschwefelt)

200 ml Essigmutter (Naturkostladen)

Watte · Gummiringe

3–4 Glasflaschen mit 2 l Gesamtinhalt

ZUBEREITUNGSZEIT: 25 MINUTEN
RUHEZEIT: 2–4 MONATE

TIPP

Als Essigmutter bezeichnet man eine gallertartige Masse aus Essigsäurebakterien. Sie beschleunigt die Gärung von Alkohol – hier des Alkohols im Apfelwein – zu Essigsäure. Wichtig ist dabei, dass während des Gärungsprozesses immer genug Sauerstoff an die Flüssigkeit gelangt.

Lorbeer-Wacholder-Essig
raffiniert würzig

1 Die Glasflaschen heiß ausspülen und mindestens 10 Minuten im Backofen bei 120 °C sterilisieren; Schraubdeckel oder Gummiringe mit kochendem Wasser übergießen.

2 Die Wacholderbeeren im Mörser etwas anstoßen oder mit einem Brettchen „andrücken", dann zusammen mit den Lorbeerblättern auf die Flaschen verteilen.

3 Den Weißweinessig mit dem Balsamicoessig vermischen. Die Essigmischung bis knapp unter den Rand in die Flaschen füllen und die Flaschen verschließen. Den Essig einige Tage durchziehen lassen, dann abseihen und umfüllen.

ZUTATEN FÜR 2 LITER

4–6 EL Wacholderbeeren

4–6 Lorbeerblätter

1 l Weißweinessig

1 l weißer Balsamicoessig

2–3 Glasflaschen mit 2 l Gesamtinhalt

ZUBEREITUNGSZEIT: 15 MINUTEN
RUHEZEIT: EINIGE TAGE

Rosmarinöl
mit buntem Pfeffer

ZUTATEN FÜR 2 LITER

4–6 EL bunter Pfeffer

4–6 Zweige Rosmarin

4 Knoblauchzehen

1 l Olivenöl

1 l Sonnenblumenöl

2–3 Glasflaschen mit
2 l Gesamtinhalt

ZUBEREITUNGSZEIT: 15 MINUTEN
RUHEZEIT: 1 WOCHE

1 Die Flaschen heiß ausspülen und mindestens 10 Minuten im Backofen bei 120 °C sterilisieren; Schraubdeckel oder Gummiringe mit kochendem Wasser übergießen.

2 Die Pfefferkörner im Mörser etwas anstoßen oder mit einem Brettchen „andrücken" und auf die Flaschen verteilen. Den Rosmarin waschen und die Knoblauchzehen schälen. Beides ebenfalls auf die Flaschen verteilen.

3 Das Olivenöl mit dem Sonnenblumenöl vermischen. Die Ölmischung bis knapp unter den Rand in die Flaschen füllen, diese gut verschließen. Bis zur ersten Verwendung das Rosmarinöl etwa 1 Woche durchziehen lassen.

Kräutermarinade
mit Peperoni

ZUTATEN FÜR 4 PERSONEN

40 g frisch gehackte Kräuter (z. B. Rosmarin, Minze, Thai-Basilikum)

3 Knoblauchzehen

1 Schalotte

2 milde rote Peperoni

50 ml Olivenöl

1 TL scharfer Senf

2 EL weißer Balsamicoessig

ZUBEREITUNGSZEIT: 10 MINUTEN

1 Die frischen Kräuter in eine Schüssel geben. Die Knoblauchzehen und die Schalotte schälen, fein hacken und mit den Kräutern vermischen.

2 Die Peperoni waschen und längs halbieren, Kerne und Innenhäute entfernen. Die Peperoni fein hacken.

3 In einer anderen Schüssel Olivenöl, Senf und Balsamicoessig gut mit den Peperoni verrühren. Etwas durchziehen lassen, dann mit den Kräutern, dem Knoblauch und der Schalotte verrühren.

TIPP

Die Kräutermarinade passt ausgezeichnet zu Geflügel- und Fleischgerichten. Lassen Sie das Fleisch darin einige Stunden, am besten über Nacht, zugedeckt im Kühlschrank ziehen.

Kräuteröl mit Salbei
und Kräutersalz mit Rosmarin

ZUTATEN FÜR 1 LITER ÖL UND
FÜR 2–3 GLÄSER SALZ

Für das Öl:

4–6 Zweige Salbei

250 ml Olivenöl

750 ml Sonnenblumenöl

2 kleine Glasflaschen mit
1 l Gesamtinhalt

Für das Salz:

200 g grobes Meersalz

4–6 Zweige Rosmarin

2–3 kleine Einmachgläser mit
200 ml Gesamtinhalt

ZUBEREITUNGSZEIT: 25 MINUTEN
RUHEZEIT: JE 1 WOCHE

1 Die Flaschen und die Gläser heiß ausspülen und mindestens 10 Minuten im Backofen bei 120 °C sterilisieren; Schraubdeckel oder Gummiringe mit kochendem Wasser übergießen.

2 Für das Kräuteröl den Salbei waschen, trocken schütteln und auf die Flaschen verteilen. Das Olivenöl mit dem dem Sonnenblumenöl vermischen, die Mischung bis knapp unter den Rand in die Flaschen füllen und diese gut verschließen. Das Öl etwa 1 Woche durchziehen lassen.

3 Für das Kräutersalz das Meersalz in eine Schüssel geben. Die Rosmarinnadeln abzupfen, waschen, fein schneiden und mit dem Salz vermischen. Die Mischung in die Gläser füllen. Das Salz gut verschlossen etwa 1 Woche durchziehen lassen.

Bärlauchpesto
mit Pinienkernen

1 Das Glas heiß ausspülen und mindestens 10 Minuten im Backofen bei 120 °C sterilisieren; Schraubdeckel oder Gummiring mit kochendem Wasser übergießen.

2 Die Pinienkerne ohne Fett in einer Pfanne goldbraun anrösten. Die Bärlauchblätter waschen, trocken schütteln und grob schneiden.

3 Den Bärlauch zusammen mit den Pinienkernen pürieren; dabei nach und nach das Olivenöl zugeben, bis das Pesto eine cremige Konsistenz hat.

4 Zuletzt den Parmesan unterrühren und das Pesto mit Salz und Pfeffer abschmecken.

5 Das Pesto bis knapp unter den Rand in das Glas füllen, die Oberfläche mit Öl bedecken und das Pesto im Kühlschrank aufbewahren.

ZUTATEN FÜR 250 ML

40 g Pinienkerne · 100 g Bärlauchblätter

etwa 150 ml Olivenöl

2–3 EL Parmesan, frisch gerieben
(nach Belieben)

Salz · frisch gemahlener Pfeffer

1 Einmachglas à 250 ml Inhalt

ZUBEREITUNGSZEIT: 15 MINUTEN

Tomaten-Zwiebel-Chutney
mit Rosinen

1 Die Tomaten kreuzweise einschneiden, kurz überbrühen, abschrecken und häuten. Dann in Würfel schneiden und in einen großen Kochtopf geben.

2 Die Zwiebeln schälen und in Achtel schneiden, die Knoblauchzehen schälen und in Scheibchen schneiden. Beides zu den Tomaten geben.

3 Die Pfeffer- und Pimentkörner vermischen und in einem Mörser zerstoßen oder mit einem Brettchen „zerdrücken".

4 Pfeffer und Piment mit beiden Zuckersorten und dem Essig sowie die Rosinen mit Salz und Ingwerpulver ebenfalls zu der Tomatenmischung geben. Alles gut vermischen.

5 Die Masse langsam zum Kochen bringen, dann etwa 40 Minuten gleichmäßig bei mittlerer Hitze köcheln lassen, bis die Masse zähflüssig ist. Dabei entstehenden Schaum abschöpfen. Ab der Hälfte der Garzeit häufig rühren, damit das Chutney nicht zu klebrig wird.

6 Inzwischen die Einmachgläser heiß ausspülen und mindestens 10 Minuten im Backofen bei 120 °C sterilisieren; Schraubdeckel oder Gummiringe mit kochendem Wasser übergießen. Dann die Gläser aus dem Backofen nehmen (Küchenhandschuhe verwenden!) und das sehr heiße Chutney sofort bis knapp unter den Rand einfüllen. Den Rand säubern, die Gläser gut verschließen und auskühlen lassen.

ZUTATEN FÜR 1,75–2,5 LITER

1 kg Tomaten · 500 g rote Zwiebeln

2 Knoblauchzehen

1 TL schwarze Pfefferkörner

1 TL Pimentkörner

350 g brauner Zucker

350 g weißer Zucker

750 ml Apfelessig (oder Weißweinessig)

50 g Rosinen · 1 ½ EL Salz

Ingwerpulver (nach Belieben)

6–8 Einmachgläser (s. Tipp S. 18)
à 300 ml Inhalt

ZUBEREITUNGSZEIT: 20 MINUTEN
GARZEIT: 40 MINUTEN

Petersilienpesto
mit Walnüssen

ZUTATEN FÜR 4 PERSONEN

1 Bund Petersilie (etwa 30 g)

2 Knoblauchzehen

80 g Walnusskerne

2 EL Traubenkernöl

etwa 100 ml Olivenöl

2 EL frisch geriebener Parmesan

Salz

frisch gemahlener Pfeffer

1 Spritzer Zitronensaft

ZUBEREITUNGSZEIT: 15 MINUTEN

1 Die Petersilie waschen, trocken schütteln und die Blätter abzupfen. Die Knoblauchzehen schälen.

2 Petersilienblätter und Knoblauchzehen mit den Walnüssen, den Knoblauchzehen, dem Traubenkernöl und etwas Olivenöl in einen Mixer geben und pürieren. Dabei so viel Olivenöl zugießen, dass ein sämiges Pesto entsteht.

3 Den Parmesan unterrühren und das Pesto mit Salz, Pfeffer und Zitronensaft abschmecken.

TIPP

Bei diesem Pesto können Sie nach Belieben neue Schwerpunkte setzen. Verwenden Sie beispielsweise 1–2 Esslöffel Parmesan mehr, als im im Rezept angegeben ist. Ebenso können Sie auch von der Petersilie und den Walnüssen eine größere Menge verarbeiten. Oder Sie nehmen andere Kräuter und andere Nüsse.

Tomaten-Paprika-Chutney
mit Äpfeln

1 Die Tomaten kurz überbrühen, abschrecken, häuten, entkernen und das Fruchtfleisch würfeln. Die Paprikaschoten waschen, putzen und in kleine Stücke schneiden. Die Äpfel schälen, die Kerngehäuse entfernen und das Fruchtfleisch in kleine Würfel schneiden.

2 Die Chilischote waschen und halbieren, die Kerne entfernen und die Chilischote in sehr feine Streifen schneiden. Die Zwiebeln und die Knoblauchzehen schälen und fein hacken.

3 Tomaten, Paprika, Äpfel, Chili, Zwiebeln und Knoblauch in einen großen Topf geben. Paprikapulver, Kardamom, Essig, Zucker und Salz hinzufügen und alles gut miteinander vermischen.

4 Die Gläser heiß ausspülen und mindestens 10 Minuten im Backofen bei 120 °C sterilisieren; Schraubdeckel oder Gummiringe mit kochendem Wasser übergießen.

5 Die Tomaten-Paprika-Mischung zum Kochen bringen und unter gelegentlichem Rühren etwa 40 Minuten auf niedriger Temperatur köcheln lassen.

6 Die Einmachgläser aus dem Backofen nehmen (Küchenhandschuhe verwenden!) und das sehr heiße Chutney sofort bis knapp unter den Rand einfüllen. Den Rand säubern, die Gläser gut verschließen und auskühlen lassen.

ZUTATEN FÜR 1 LITER

8 Tomaten

2 rote Paprikaschoten

2 grüne Paprikaschoten

2 säuerliche Äpfel

1 rote Chilischote

3 Zwiebeln · 2 Knoblauchzehen

1 TL Paprikapulver

½ TL gemahlener Kardamom

80 ml Weißweinessig

60 g Zucker · ¼ TL Salz

2 Einmachgläser (s. Tipp S. 18) à 500 ml Inhalt

ZUBEREITUNGSZEIT: 25 MINUTEN
GARZEIT: 40 MINUTEN

Rhabarber-Ingwer-Chutney
mit Sultaninen

1 Die Gläser heiß ausspülen und mindestens 10 Minuten im Backofen bei 120°C sterilisieren; Schraubdeckel oder Gummiringe mit kochendem Wasser übergießen.

2 Den Rhabarber waschen, putzen und in etwa 2 cm große Stücke schneiden. Den Ingwer und die Knoblauchzehe schälen und fein hacken. Die Schale der Zitrone abreiben und den Saft auspressen.

3 Rhabarber, Ingwer und Knoblauch mit Zitronenschale und -saft sowie dem Salz, dem Essig und dem Apfelsaft aufkochen lassen. Dann Zucker und Sultaninen hinzufügen und alles unter gelegentlichem Rühren etwa 40 Minuten bei geringer Hitze dicklich einköcheln lassen.

4 Die Einmachgläser aus dem Backofen nehmen (Küchenhandschuhe verwenden!) und das sehr heiße Chutney sofort bis knapp unter den Rand einfüllen. Den Rand säubern, die Gläser gut verschließen und auskühlen lassen.

ZUTATEN FÜR 500 ML

400 g Rhabarber

1 Stück frischer Ingwer (2–3 cm)

1 Knoblauchzehe

1 unbehandelte Zitrone

1 TL Salz

50 ml Apfelessig · 100 ml Apfelsaft

150 g Zucker · 125 g Sultaninen

2 Einmachgläser (s. Tipp S. 18) à 250 ml Inhalt

ZUBEREITUNGSZEIT: 20 MINUTEN
GARZEIT: 40 MINUTEN

Mangochutney
mit Ingwer

ZUTATEN FÜR 1 LITER

6 unreife, grüne Mangos

1 TL Salz

150 ml Weißweinessig

150 ml Wasser

250 g brauner Zucker

100 g Sultaninen

2 Knoblauchzehen

1 Stück frischer Ingwer (2–3 cm)

20 g kandierter Ingwer

1–2 getrocknete Chilischoten

1 Msp. Piment

4 Einmachgläser (s. Tipp S. 18)
à 250 ml Inhalt

ZUBEREITUNGSZEIT: 30 MINUTEN
GARZEIT: 1 STUNDE
RUHEZEIT: 4 STUNDEN

1 Die Mangos schälen, das Fruchtfleisch vom Kern schneiden und mit dem Salz vermengen. 3–4 Stunden durchziehen lassen. In einem Sieb abtropfen lassen.

2 Inzwischen den Essig mit 150 ml Wasser und dem Zucker zum Kochen bringen und köcheln lassen, bis sich der Zucker aufgelöst hat. Vom Herd nehmen und abkühlen lassen.

3 Die Sultaninen heiß waschen und grob hacken. Den Knoblauch und den frischen Ingwer schälen und beide fein hacken. Den kandierten Ingwer und die Chilischoten ebenfalls fein hacken.

4 Die abgetropften Mangostücke mit den Sultaninen, dem Knoblauch, dem Ingwer, den Chilischoten und dem Piment unter den Essig mischen und unter Rühren aufkochen lassen. Unter gelegentlichem Rühren etwa 1 Stunde bei geringer Hitze dicklich einköcheln lassen.

5 Inzwischen die Gläser heiß ausspülen und mindestens 10 Minuten im Backofen bei 120 °C sterilisieren; Schraubdeckel oder Gummiringe mit kochendem Wasser übergießen. Gläser aus dem Backofen nehmen (Küchenhandschuhe verwenden!) und das sehr heiße Chutney sofort bis knapp unter den Rand einfüllen. Den Rand säubern, die Gläser gut verschließen und auskühlen lassen.

Tomatenketchup
selbst gemacht

ZUTATEN FÜR 500 ML

800 g Tomaten

1 Zwiebel

2 Knoblauchzehen

1 rote Paprikaschote

2 EL Olivenöl

4 Pimentkörner

1 Lorbeerblatt

1 Gewürznelke

2 Zweige Petersilie

1 Zweig Liebstöckel

4 EL brauner Zucker

1 TL Senfpulver

100 ml Weinessig

Salz

Cayennepfeffer

1 Glasflasche à 500 ml

ZUBEREITUNGSZEIT: 30 MINUTEN
GARZEIT: 30 MINUTEN

1 Die Tomaten waschen, den Stielansatz entfernen, die Tomaten in Würfel schneiden. Die Zwiebel und die Knoblauchzehen schälen und ebenfalls in Würfel schneiden. Die Paprikaschote waschen, halbieren, entkernen und in Würfel schneiden.

2 Die Glasflasche heiß ausspülen und mindestens 10 Minuten im Backofen bei 120 °C sterilisieren; Schraubdeckel oder Gummiring mit kochendem Wasser übergießen.

3 Die Zwiebel, den Knoblauch und die Paprika in heißem Öl andünsten, Piment, Lorbeer und Gewürznelke kurz mit andünsten, dann die Tomaten zugeben. Alles etwa 15 Minuten köcheln lassen.

4 Die Kräuter, den Zucker, das Senfpulver und den Essig untermengen. Das Ganze weitere 10–15 Minuten köcheln lassen, bis eine sämige Masse entsteht. Diese durch ein Sieb streichen, nochmals aufkochen lassen und mit Salz und Cayennepfeffer abschmecken.

5 Die Glasflasche aus dem Backofen nehmen (Küchenhandschuhe verwenden!) und das Tomatenketchup sofort bis knapp unter den Rand einfüllen. Den Rand säubern, die Flasche gut verschließen und auskühlen lassen.

TIPP

Das selbst gemachte Tomatenketchup hält sich mindestens zwei Wochen, wenn es gut verschlossen an einem kühlen, dunklen Ort aufbewahrt wird. Nach dem Öffnen in den Kühlschrank stellen und rasch verbrauchen.

Tomatenrelish

schmeckt nach Sonne

ZUTATEN FÜR 1–1,5 LITER

1 kg reife Tomaten

2 Zwiebeln

2 Knoblauchzehen

1 Chilischote

4 EL Olivenöl

2 TL Tomatenmark

50 ml Rotwein

1 EL gehacktes Basilikum

2 EL Balsamicoessig

Meersalz

Zucker

4–6 Einmachgläser (s. Tipp S. 18)
à 250 ml Inhalt

ZUBEREITUNGSZEIT: 35 MINUTEN
GARZEIT: ETWA 10 MINUTEN

1 Die Gläser heiß ausspülen und mindestens 10 Minuten im Backofen bei 120 °C sterilisieren; Schraubdeckel oder Gummiringe mit kochendem Wasser übergießen.

2 Die Tomaten waschen und kreuzweise einschneiden, dann kurz überbrühen, abschrecken und häuten. Dann in Viertel schneiden, entkernen und würfeln.

3 Die Zwiebeln und die Knoblauchzehen schälen und fein würfeln. Die Chilischote waschen, längs aufschneiden, Kerne und weiße Innenhäute entfernen und die Chilischote fein hacken.

4 In einem großen Topf das Olivenöl erhitzen, die Chilischote mit den Zwiebeln und dem Knoblauch darin andünsten. Das Tomatenmark unterrühren und alles mit dem Rotwein ablöschen. Dann die Tomaten zugeben und unter Rühren etwa 10 Minuten köcheln lassen.

5 Zum Schluss das Basilikum zugeben. Das Ganze mit Balsamicoessig verfeinern und mit Salz und Zucker abschmecken.

6 Die Einmachgläser aus dem Backofen nehmen (Küchenhandschuhe verwenden!) und das Tomatenrelish sofort bis knapp unter den Rand einfüllen. Den Rand säubern, die Gläser gut verschließen und auskühlen lassen.

Moosbeerenchutney
süßsäuerlich

1 Die Moosbeeren verlesen, gut waschen, mit 300 ml Wasser und dem Gelierzucker in einem großen Topf mischen und etwa 1 Stunde durchziehen lassen.

2 Die Gläser heiß ausspülen und mindestens 10 Minuten im Backofen bei 120 °C sterilisieren; Schraubdeckel oder Gummiringe mit kochendem Wasser übergießen.

3 Die Beeren zum Kochen bringen und in 5–10 Minuten zugedeckt gar köcheln lassen. Die Beeren sollen weich sein, aber nicht zerfallen.

4 Die Einmachgläser aus dem Backofen nehmen (Küchenhandschuhe verwenden!) und das Chutney sofort bis knapp unter den Rand einfüllen. Den Rand säubern, die Gläser gut verschließen und auskühlen lassen.

ZUTATEN FÜR 1–1,5 LITER

1 kg Moosbeeren (oder Cranberrys)

300 ml Wasser · 1 kg Gelierzucker 1:1

4–6 Einmachgläser (s. Tipp S. 18)
à 250 ml Inhalt

ZUBEREITUNGSZEIT: 20 MINUTEN
RUHEZEIT: 1 STUNDE
GARZEIT: ETWA 10 MINUTEN

TIPP

Moosbeeren sind mit unseren Preiselbeeren und mit den nordamerikanischen Cranberrys verwandt. Wenn keine europäischen Moosbeeren erhältlich sind, nehmen Sie einfach Cranberrys; auf Deutsch heißt diese Art übrigens „Großfrüchtige Moosbeeren".

Minzrelish
mit Apfelwein und Minzlikör

1 Die Gläser heiß ausspülen und mindestens 10 Minuten im Backofen bei 120 °C sterilisieren; Schraubdeckel oder Gummiringe mit kochendem Wasser übergießen.

2 In einem Topf oder im Wasserkocher 125 ml Wasser zum Kochen bringen. Die Schalotte schälen und fein würfeln. Die Minzeblätter waschen und putzen. Ein Drittel davon beiseitelegen, die anderen zwei Drittel und die Schalotte mit dem kochenden Wasser übergießen und etwa 15 Minuten darin durchziehen lassen.

3 Die beiseitegelegten Minzeblätter hacken und in die vorbereiteten Gläser füllen.

4 Den Sud mit Schalotten und Minze durch ein Sieb in einen Topf abgießen. Apfelwein, Zitronensaft und Gelierzucker dazugeben und aufkochen. Dann alles 4 Minuten sprudelnd kochen lassen und eine Gelierprobe machen: Etwas von der Masse auf einen kleinen Teller geben und kurz in den Kühlschrank stellen. Wenn die Masse noch nicht geliert, alles nochmals kurz durchkochen lassen.

5 Vom Herd nehmen, den Minzlikör unterrühren und das Relish sofort bis knapp unter den Rand in die Gläser füllen. Diese gut verschließen und auskühlen lassen.

ZUTATEN FÜR 500 ML

125 ml Wasser · 1 Schalotte

120 g frische Minzeblätter

375 ml Apfelwein · 3 EL Zitronensaft

500 g Gelierzucker · 6 cl Minzlikör

2 Einmachgläser (s. Tipp S. 18) à 250 ml Inhalt

ZUBEREITUNGSZEIT: 15 MINUTEN
RUHEZEIT: 25 MINUTEN
GARZEIT: ETWA 4 MINUTEN

Apfel-Sellerie-Relish
mit Kapern

ZUTATEN FÜR 1–1,5 LITER

700 g Knollensellerie

500 g Äpfel

200 ml Weißweinessig

200 ml Apfelsaft

250 g Gelierzucker 3:1

2–3 EL Kapern (ohne Flüssigkeit)

Salz

frisch gemahlener Pfeffer

4–6 Einmachgläser (s. Tipp S. 18)
à 250 ml Inhalt

ZUBEREITUNGSZEIT: 35 MINUTEN
GARZEIT: 30 MINUTEN

1 Die Gläser heiß ausspülen und mindestens 10 Minuten im Backofen bei 120 °C sterilisieren; Schraubdeckel oder Gummiringe mit kochendem Wasser übergießen.

2 Den Sellerie putzen, schälen und in feine Würfel schneiden. Die Äpfel schälen, vierteln, die Kerngehäuse entfernen und das Fruchtfleisch in feine Würfel schneiden.

3 Weinessig, Apfelsaft und Gelierzucker in einen großen Kochtopf geben, den Sellerie, die Äpfel und die Kapern hinzufügen. Salzen und pfeffern. Alles unter Rühren zum Kochen bringen.

4 Die Masse etwa 10 Minuten sprudelnd kochen lassen, dabei ab und zu umrühren. Das Relish ist fertig, wenn Sellerie und Äpfel weich, aber nicht zerfallen sind. Zum Schluss das Relish mit Salz und Pfeffer abschmecken.

5 Die Einmachgläser aus dem Backofen nehmen (Küchenhandschuhe verwenden!) und das sehr heiße Relish sofort bis knapp unter den Rand einfüllen. Den Rand säubern, die Gläser gut verschließen und auskühlen lassen.

Apfel-Pfirsich-Chutney
mit Karotten

1 Die Gläser heiß ausspülen und mindestens 10 Minuten im Backofen bei 120 °C sterilisieren; Schraubdeckel oder Gummiringe mit kochendem Wasser übergießen.

2 Inzwischen die Pfirsiche kreuzweise einschneiden, kurz überbrühen, kalt abschrecken und häuten. Dann halbieren und entsteinen, das Fruchtfleisch in ½ cm große Würfel schneiden.

3 Die Äpfel schälen, vierteln, die Kerngehäuse entfernen und das Fruchtfleisch ebenfalls in ½ cm große Würfel schneiden.

4 Die Zwiebel schälen und fein würfeln. Die Karotte schälen und in ½ cm große Würfel schneiden.

5 Apfelessig, Apfelsaft, Lorbeerblatt, Zimtstange und Zucker in einen Topf geben, Äpfel, Pfirsiche, Zwiebel und Karotte hinzufügen. Alles erhitzen, aufkochen und bei mittlerer Hitze 25–30 Minuten kochen lassen.

6 Das fertige Chutney mit Salz, Pfeffer und Zucker nach Belieben abschmecken. Lorbeerblatt und Zimtstange entfernen.

7 Die Einmachgläser aus dem Backofen nehmen (Küchenhandschuhe verwenden!) und das heiße Chutney sofort bis knapp unter den Rand einfüllen. Den Rand säubern, die Gläser gut verschließen und auskühlen lassen.

ZUTATEN FÜR 500 ML

100 g Pfirsiche · 300 g Äpfel

1 Zwiebel · 1 Karotte

300 ml Apfelessig

50 ml Apfelsaft

1 Lorbeerblatt · 1 Zimtstange

150 g brauner Zucker

Salz · frisch gemahlener Pfeffer

Zucker (nach Belieben)

2–5 Einmachgläser (s. Tipp S. 18) mit 500 ml Gesamtinhalt

ZUBEREITUNGSZEIT: 25 MINUTEN
GARZEIT: 30 MINUTEN

Zwetschgenchutney
mit Zwiebeln, Zimt und Lorbeer

1 Die Einmachgläser heiß ausspülen und mindestens 10 Minuten im Backofen bei 120 °C sterilisieren; Schraubdeckel oder Gummiringe mit kochendem Wasser übergießen.

2 Die Zwiebeln schälen, längs halbieren und in gleichmäßige, nicht zu schmale Streifen schneiden. Die Zwetschgen waschen, entsteinen und vierteln.

3 Die Zwiebelstreifen in heißem Öl leicht anbräunen. Die Zwetschgen dazugeben und mit dem Essig sowie dem Rotwein ablöschen.

4 Thymian, Zimtstange, Lorbeerblätter und Zucker hinzufügen und alles bei geringer Hitze unter gelegentlichem Rühren etwa 15 Minuten zu einem Chutney einköcheln lassen. Mit Zitronensaft, Cayennepfeffer und Salz abschmecken.

5 Die Einmachgläser aus dem Backofen nehmen (Küchenhandschuhe verwenden!) und das sehr heiße Chutney sofort bis knapp unter den Rand einfüllen. Den Rand säubern, die Gläser gut verschließen und auskühlen lassen.

ZUTATEN FÜR 500 ML

2 Zwiebeln · 500 Zwetschgen

1 EL Pflanzenöl · 2 EL Balsamicoessig

100 ml Rotwein · 4 Zweige Thymian

1 Zimtstange · 2 frische Lorbeerblätter

2 EL brauner Zucker · Zitronensaft

Cayennepfeffer · Salz

2 Einmachgläser (s. Tipp S. 18) à 250 ml Inhalt

ZUBEREITUNGSZEIT: 20 MINUTEN
GARZEIT: 20 MINUTEN

TIPP

Das Zwetschgenchutney passt ausgezeichnet zu kaltem Braten oder Käse. Gut gekühlt, hält es sich mindestens vier Wochen.

Apfelchutney
mit Rosinen und Paprikawürfeln

ZUTATEN FÜR 0,75–1 LITER

1 kg säuerliche Äpfel
(z. B. Boskop)

1 rote Paprikaschote

2 Chilischoten

3 EL Butterschmalz

2 TL Panch Foron (Fünfgewürz-
mischung; Asialaden)

1 TL Kurkumapulver

2 TL Senfkörner

Salz

100 g Rosinen

3 EL brauner Zucker

2 EL Zitronensaft

3–4 Einmachgläser (s. Tipp S. 18)
à 250 ml Inhalt

ZUBEREITUNGSZEIT: 20 MINUTEN
GARZEIT: 15 MINUTEN

1 Die Gläser heiß ausspülen und mindestens 10 Minuten im Backofen bei 120 °C sterilisieren; Schraubdeckel oder Gummiringe mit kochendem Wasser übergießen.

2 Die Äpfel und die Paprikaschote waschen. Die Äpfel schälen, vierteln, die Kerngehäuse entfernen und das Fruchtfleisch in dünne Scheiben schneiden. Die Paprikaschote vierteln, Strunk, Innenwände und Kerne entfernen, die Paprikaschote in Würfel schneiden. Die Chilischoten waschen und klein hacken.

3 In einem Topf das Butterschmalz erhitzen und die Gewürzmischung, das Kurkumapulver, die Senfkörner und die Chilischoten ½ Minute unter Rühren anbraten. Die Apfelscheiben und die Paprikawürfel dazugeben und mitbraten.

4 Nach etwa 5 Minuten 100 ml Wasser dazugeben und alles bei schwacher Hitze zugedeckt 5 Minuten köcheln lassen. Die Rosinen, den Zucker und den Zitronensaft hinzufügen und alles so lange weiterköcheln lassen, bis das Chutney eingedickt ist.

5 Die Einmachgläser aus dem Backofen nehmen (Küchenhandschuhe verwenden!) und das sehr heiße Chutney sofort bis knapp unter den Rand einfüllen. Den Rand säubern, die Gläser gut verschließen und auskühlen lassen.

Kürbis-Chutney
mit Thymian

ZUTATEN FÜR 1–1,5 LITER

1–2 Hokkaido-Kürbisse
(1 kg Fruchtfleisch)

20 g frischer Ingwer

2 Knoblauchzehen

100 ml Apfelessig

150 ml Orangensaft

3 Zweige Thymian

Salz · Pfeffer

100 g Gelierzucker 3:1

4–6 Einmachgläser (s. Tipp S. 18)
à 250 ml Inhalt

ZUBEREITUNGSZEIT: 30 MINUTEN
GARZEIT: 30 MINUTEN

1 Die Gläser heiß ausspülen und mindestens 10 Minuten im Backofen bei 120 °C sterilisieren; Schraubdeckel oder Gummiringe mit kochendem Wasser übergießen.

2 Die Kürbisse halbieren, entkernen, schälen und in gleichmäßige Würfel schneiden. Den Ingwer und die Knoblauchzehen schälen und fein würfeln.

3 In einem Topf den Apfelessig mit dem Orangensaft aufkochen lassen. Die Kürbiswürfel, den Ingwer, den Knoblauch und die abgezupften Thymianblättchen zugeben und mit Salz und Pfeffer abschmecken.

4 Das Ganze etwa 30 Minuten bei kleiner Hitze im offenen Topf kochen lassen. Nach 25 Minuten den Gelierzucker zugeben und die Mischung weitere 5 Minuten sprudelnd kochen lassen, bis der Kürbis weich ist.

5 Die Einmachgläser aus dem Backofen nehmen (Küchenhandschuhe verwenden!) und das sehr heiße Chutney sofort bis knapp unter den Rand einfüllen. Den Rand säubern, die Flasche gut verschließen und auskühlen lassen.

Bananen-Mango-Chutney
mit Rosinen

1 Das Glas heiß ausspülen und mindestens 10 Minuten im Backofen bei 120 °C sterilisieren; Schraubdeckel oder Gummiring mit kochendem Wasser übergießen.

2 Die Bananen schälen und in Scheiben schneiden. Die Mangos schälen, das Fruchtfleisch vom Stein schneiden und würfeln. Die Chilischote waschen, halbieren, entkernen und fein hacken. Die Knoblauchzehe und den Ingwer schälen und ebenfalls fein hacken.

3 Apfelessig, Rosinen und Zucker in einen Topf geben. Bananen, Mangos, Chilischote, Knoblauch und Ingwer hinzufügen und alles unter Rühren aufkochen lassen. Die Hitze reduzieren und die Mischung unter gelegentlichem Rühren etwa 10 Minuten zu einem dicklichen Chutney einköcheln lassen. Mit Salz und Curry abschmecken.

4 Das Einmachglas aus dem Backofen nehmen (Küchenhandschuhe verwenden!) und das sehr heiße Chutney sofort bis knapp unter den Rand einfüllen. Den Rand säubern, das Glas gut verschließen und auskühlen lassen.

ZUTATEN FÜR 500 ML

2 Bananen · 2 reife Mangos

1 rote Chilischote

1 Knoblauchzehe

1 Stück frischer Ingwer (etwa 3 cm)

200 ml Apfelessig

50 g Rosinen · 150 g Zucker

Salz · Currypulver

1 Einmachglas (s. Tipp S. 18) à 500 ml

ZUBEREITUNGSZEIT: 20 MINUTEN
GARZEIT: 15 MINUTEN

Stachelbeerchutney
mit Weißwein

1 Die Zwiebeln schälen und fein würfeln. Die Stachelbeeren waschen und verlesen.

2 In einem Topf den Zucker bei mittlerer Hitze und unter ständigem Rühren schmelzen und karamellisieren lassen. Die Zwiebelwürfel mit den Stachelbeeren und den Senfkörnern dazugeben und das Ganze unter ständigem Rühren aufkochen lassen.

3 Die Mischung mit dem Weißwein und der Gemüsebrühe ablöschen und 10–15 Minuten bei mittlerer Hitze kochen lassen. Zum Schluss das Chutney mit Salz, Pfeffer und Essig abschmecken.

ZUTATEN FÜR 4 PERSONEN

2 Zwiebeln · 400 g frische Stachelbeeren

4 EL Zucker · 2 EL Senfkörner

150 ml trockener Weißwein

250 ml Gemüsebrühe · Salz

frisch gemahlener Pfeffer · Essig (nach Belieben)

ZUBEREITUNGSZEIT: 30 MINUTEN
GARZEIT: 20 MINUTEN

TIPP

Achten Sie darauf, dass der Zucker beim Karamellisieren nicht zu dunkel wird, sonst schmeckt er leicht bitter. Das Stachelbeerchutney können Sie Ihren Gästen zu einer Käseplatte servieren.

Säfte & Liköre

Kirschsirup
mit Zitrone

ZUTATEN FÜR 2,5 LITER

1,5 l Wasser

1,5 kg Zucker

50 g Zitronensäure
(aus der Apotheke)

Saft von 1 Zitrone

1,5 kg Kirschen

1 Zimtstange

5 Glasflaschen à 500 ml

ZUBEREITUNGSZEIT: 30 MINUTEN
RUHEZEIT: 2 STUNDEN
GARZEIT: ETWA 5 MINUTEN

1 Die Flaschen heiß ausspülen und mindestens 10 Minuten im Backofen bei 120 °C sterilisieren; Schraubdeckel oder Gummiringe mit kochendem Wasser übergießen.

2 In einem Topf 1,5 Liter Wasser mit dem Zucker zum Kochen bringen und etwa 5 Minuten sprudelnd kochen lassen. Vom Herd nehmen, die Zitronensäure darin auflösen und den Zitronensaft hinzufügen.

3 Die Kirschen waschen, entsteinen und in den Sirup geben. Mit einem Kartoffelstampfer sanft zerdrücken. Die Zimtstange mit hineinlegen und alles 1–2 Stunden durchziehen lassen.

4 Anschließend das Ganze durch ein feines Sieb passieren. Den Sirup nochmals kurz aufkochen lassen.

5 Die Flaschen aus dem Backofen nehmen (Küchenhandschuhe verwenden!) und den sehr heißen Sirup sofort bis knapp unter den Rand einfüllen. Den Rand säubern, die Flaschen gut verschließen und auskühlen lassen.

TIPP

Im Kühlschrank ist dieser Kirschsirup ungeöffnet mindestens 4 Wochen haltbar. Nach dem Öffnen sollten Sie ihn jedoch innerhalb weniger Tage verbrauchen.

Naturtrüber Apfelsaft
mit Zimt

1 Die Flaschen heiß ausspülen und mindestens 10 Minuten im Backofen bei 120 °C sterilisieren; Schraubdeckel oder Gummiringe mit kochendem Wasser übergießen. Alles abkühlen lassen.

2 Die Äpfel waschen, in Stücke schneiden und in den Entsafter geben.

3 In jede Glasflasche zwei Zimtstangen geben. Den frisch gepressten Saft einfüllen, die Flaschen gut verschließen und im Kühlschrank aufbewahren.

ZUTATEN FÜR 2 LITER

4 kg unbehandelte Äpfel

4 Zimtstangen

2 Glasflaschen à 1 l Inhalt

ZUBEREITUNGSZEIT: 30 MINUTEN

TIPP

Der naturtrübe Apfelsaft lässt sich sehr gut mit Zitronensaft oder weiteren Gewürzen wie Sternanis und Vanille verfeinern. Sie können ihn aber auch mit Birnensaft mischen.

Zwetschgensaft
mit Rotwein und Gewürzen

1 Die Flasche heiß ausspülen und mindestens 10 Minuten im Backofen bei 120 °C sterilisieren; Schraubdeckel oder Gummiring mit kochendem Wasser übergießen. Alles abkühlen lassen.

2 Die Zwetschgen waschen, halbieren und entsteinen. Zusammen mit dem Zucker und den Gewürzen in einen Topf geben, gut vermischen und zugedeckt 2 Stunden durchziehen lassen.

3 Danach das Ganze im Topf erhitzen. Den Rotwein und 500 ml Wasser dazugießen und alles bei mittlerer Hitze 25–30 Minuten köcheln lassen.

4 Die Flüssigkeit durch ein feines Sieb passieren, die Früchte dabei gut ausdrücken.

5 Die Flasche aus dem Backofen nehmen (Küchenhandschuhe verwenden!) und den sehr heißen Saft sofort bis knapp unter den Rand einfüllen. Den Rand säubern, die Flasche gut verschließen und auskühlen lassen.

ZUTATEN FÜR 750 ML

1 kg reife Zwetschgen

300 g Zucker

2 Zimtstangen

1 Sternanis

2 Gewürznelken

300 ml trockener Rotwein

500 ml Wasser

1 Glasflasche à 750 ml Inhalt

ZUBEREITUNGSZEIT: 30 MINUTEN
RUHEZEIT: 2 STUNDEN
GARZEIT: 30 MINUTEN

Zitronenlimonade
mit Kiwi und Apfel

ZUTATEN FÜR 1 LITER

2 säuerliche Äpfel

2 reife Kiwis

3 unbehandelte Zitronen

150 g Zucker

1 l Mineralwasser

1 Einmachglas à 1 l Inhalt

ZUBEREITUNGSZEIT: 20 MINUTEN
RUHEZEIT: 2 STUNDEN + 2 TAGE

1 Das Einmachglas heiß ausspülen und mindestens 10 Minuten im Backofen bei 120 °C sterilisieren; Schraubdeckel oder Gummiring mit kochendem Wasser übergießen. Alles abkühlen lassen.

2 Die Äpfel waschen und halbieren. Die Kiwis schälen und in Würfel schneiden. Die Zitronen waschen und in Scheiben schneiden. Alles in das große Einmachglas geben, mit Zucker bestreuen und 2 Stunden durchziehen lassen.

3 Das Einmachglas mit dem Mineralwasser auffüllen und fest verschließen. Erneut mindestens 2 Tage durchziehen lassen. In Limonadengläser füllen und servieren.

Holunderblütensirup
herrlich erfrischend

ZUTATEN FÜR 1 LITER

1 Vanilleschote
2 Handvoll Holunderblüten
1 unbehandelte Zitrone
1 kg Zucker
1 l Wasser
1 Glasflasche à 1 l Inhalt

ZUBEREITUNGSZEIT: 10 MINUTEN
GARZEIT: 15 MINUTEN

1 Die Flasche heiß ausspülen und mindestens 10 Minuten im Backofen bei 120 °C sterilisieren; Schraubdeckel oder Gummiring mit kochendem Wasser übergießen. Alles abkühlen lassen.

2 Die Vanilleschote längs aufschneiden. Die Holunderblüten waschen und trocken schütteln. Die Zitrone waschen und in Scheiben schneiden.

3 In einem Topf den Zucker mit 1 Liter Wasser erhitzen. Die Holunderblüten, die aufgeschnittene Vanilleschote sowie die Zitronenscheiben zugeben. Alles 10–15 Minuten bei mittlerer Hitze köcheln lassen, bis sich der Zucker vollständig aufgelöst hat. Den Sirup in die Flasche füllen und vollständig erkalten lassen.

TIPP

Holunderblütensirup schmeckt im Sommer mit kaltem und im Winter – wie Tee – mit heißem Wasser aufgegossen. Doch auch in einem Glas Sekt oder Prosecco macht sich ein Spritzer „Hollersirup" ausgezeichnet.

Quittensaft
frisch aus dem Garten

1 Die Quitten waschen, schälen und vierteln. Die Kerngehäuse entfernen und das Fruchtfleisch grob würfeln.

2 In einem Topf 2 Liter Wasser mit dem Zucker und dem Fruchtfleisch zum Kochen bringen und die Quitten in etwa 30 Minuten unter gelegentlichem Rühren weich kochen.

3 Ein Sieb mit einem Mulltuch auslegen und auf einen Topf setzen. Die Quittenmischung hineingeben und den Saft am besten über Nacht abtropfen lassen.

4 Inzwischen die Flaschen heiß ausspülen und mindestens 10 Minuten im Backofen bei 120 °C sterilisieren; Schraubdeckel oder Gummiringe mit kochendem Wasser übergießen.

5 Den Quittensaft nochmals kurz aufkochen. Die Flaschen aus dem Backofen nehmen (Küchenhandschuhe verwenden!) und den sehr heißen Quittensaft sofort bis knapp unter den Rand einfüllen. Den Rand säubern, die Flaschen gut verschließen und auskühlen lassen.

ZUTATEN FÜR 1,5 LITER

1,5 kg Quitten

etwa 2 l Wasser

500 g Zucker

3 Glasflaschen à 500 ml Inhalt

ZUBEREITUNGSZEIT: 25 MINUTEN
GARZEIT: 30 MINUTEN
RUHEZEIT: 12 STUNDEN

Glühweinsirup
mit Gewürzen

1 Den Rotwein mit der Orangen- und der Zitronenschale, dem Zucker sowie Zimtstange, Sternanis und Gewürznelken in einen Topf geben. Die Vanilleschote längs aufschneiden, des Mark herauskratzen und dazugeben.

2 Die Rotweinmischung zum Kochen bringen und bei mittlerer Hitze 40–45 Minuten auf die Hälfte einköcheln lassen.

3 Inzwischen die Flasche heiß ausspülen und mindestens 10 Minuten im Backofen bei 120 °C sterilisieren; Schraubdeckel oder Gummiring mit kochendem Wasser übergießen.

4 Die Flüssigkeit durch ein Sieb gießen und in die noch warme Flasche geben. Die Flasche gut verschließen und auskühlen lassen.

ZUTATEN FÜR 500 ML

1 l trockener Rotwein

1 EL abgeriebene Schale
von 1 unbehandelten Orange

1 EL abgeriebene Schale
von 1 unbehandelten Zitrone

400 g Zucker

1 Zimtstange

2 Sternanis

4 Gewürznelken

1 Vanilleschote

1 Glasflasche à 500 ml Inhalt

ZUBEREITUNGSZEIT: 20 MINUTEN
GARZEIT: 45 MINUTEN

Kirschlikör
als hübsches Mitbringsel

ZUTATEN FÜR 500 ML

750 g Sauerkirschen

275 g weißer Kandiszucker

2–3 Zimtstangen

1–2 Gewürznelken

1 Stück unbehandelte
Orangenschale

500 ml klarer Schnaps
oder Korn (32 %)

1 Einmachglas à 500 ml Inhalt

mehrere dekorative kleine Flaschen (insgesamt 500 ml)

ZUBEREITUNGSZEIT: 20 MINUTEN
RUHEZEIT: 8 TAGE

1 Das Einmachglas heiß ausspülen und mindestens 10 Minuten im Backofen bei 120 °C sterilisieren; Schraubdeckel oder Gummiring mit kochendem Wasser übergießen.

2 Die Sauerkirschen waschen und entsteinen. Die Kirschen mit dem Kandiszucker, den Zimtstangen, den Gewürznelken und der Orangen-schale vermischen. Alles in ein Glas schichten und mit dem Alkohol über-gießen, sodass die Früchte bedeckt sind.

3 Das Glas verschließen und den Likör mindestens 8 Tage durchziehen lassen. Zwischendurch das Glas immer wieder auf den Kopf stellen, damit sich der Kandiszucker gut auflöst.

4 Die Flaschen ebenfalls heiß ausspülen und mindestens 10 Minuten im Backofen bei 120 °C sterilisieren; Schraubdeckel oder Gummiringe mit kochendem Wasser übergießen. Herausnehmen und abkühlen lassen.

5 Ein Sieb mit einem Mulltuch auslegen und auf einen Topf setzen. Die Kirschenmischung hineingeben und den Saft abtropfen lassen; die Früchte dabei gut ausdrücken. Den Likör in die Flaschen füllen und gut verschließen.

TIPP

Bereiten Sie doch vom Kirschlikör gleich die doppelte Menge zu. Wenn Sie ihn in hübsche kleine Flaschen abfüllen, haben Sie vor jeder Einladung ein originelles Mitbringsel zur Hand.

Vogelbeerlikör
ungewöhnlich

ZUTATEN FÜR 500 ML

200 g reife Vogelbeeren

100 g weißer Kandiszucker

500 ml klarer Schnaps
oder Korn (32 %)

1 Glasflasche à 500 ml

ZUBEREITUNGSZEIT: 10 MINUTEN
RUHEZEIT: 8 WOCHEN

1 Die Flasche heiß ausspülen und mindestens 10 Minuten im Backofen bei 120 °C sterilisieren; Schraubdeckel oder Gummiring mit kochendem Wasser übergießen.

2 Die Vogelbeeren von den Dolden streifen und waschen. Noch unreife, grüne Beeren wegwerfen.

3 Die Beeren, den Kandiszucker und den Alkohol in die Flasche füllen und gut verschließen. Etwa 8 Wochen an einem dunklen, nicht zu kühlen Platz durchziehen lassen. Dann hat der Likör sein volles Aroma entwickelt und kann getrunken werden. Die Beeren können im Likör verbleiben.

TIPP

Vogelbeeren nennt man die Früchte der Eberesche. Entgegen einer weitverbreiteten Meinung sind sie ungiftig; allerdings sind sie roh ungenießbar. Sie schmecken sehr bitter, können Magenverstimmungen verursachen und abführend wirken. Vogelbeerschnaps hat vor allem in manchen Regionen Österreichs eine lange Tradition.

Vogelbeer-Likör

für die Verdauung
100g Beeren /500ml Korn
32%.

Apfelwein
aus dem eigenen Garten

ZUTATEN FÜR 1 LITER

2 kg reife Äpfel

3 kg Zucker

1 Glasflasche à 1 l Inhalt

ZUBEREITUNGSZEIT: 20 MINUTEN
RUHEZEIT: 8 WOCHEN

1 Die Flasche heiß ausspülen und mindestens 10 Minuten im Backofen bei 120 °C sterilisieren; Schraubdeckel oder Gummiring mit kochendem Wasser übergießen.

2 Die Äpfel waschen, schälen und vierteln. Die Kerngehäuse entfernen, das Fruchtfleisch klein schneiden und mit einem Kartoffelstampfer gut zerdrücken.

3 Die Masse in ein Mulltuch füllen, dieses fest ausdrücken und den dabei austretenden Saft in einem Topf auffangen.

4 Den Saft mit dem Zucker mischen und in die Flasche füllen. Diese fest verschließen und mindestens 8 Wochen gären lassen. Dann ist der Apfelwein fertig und trinkbereit.

Orangenlikör
ein edles Geschenk

1 Die Flasche heiß ausspülen und mindestens 10 Minuten im Backofen bei 120 °C sterilisieren; Schraubdeckel oder Gummiring mit kochendem Wasser übergießen. Alles abkühlen lassen.

2 Die Orangen heiß abwaschen und in Scheiben schneiden, mit dem Zucker in die Flasche geben. Den Alkohol bis knapp unter den Rand einfüllen und die Flasche gut verschließen. Vor dem ersten Genuss den Orangenlikör mindestens 2 Monate durchziehen lassen.

ZUTATEN FÜR 1 LITER

2 unbehandelte Orangen

300 g Zucker

1 l klarer Schnaps oder Korn (32 %)

1 Glasflasche à 1 l Inhalt

ZUBEREITUNGSZEIT: 15 MINUTEN
RUHEZEIT: 2 MONATE

Schlehenlikör
mit Vanille und Gin

1 Die Schlehen waschen, trocken tupfen und in einen großen Topf geben. Mit kochendem Wasser so weit übergießen, dass die Schlehen gerade bedeckt sind. Diesen Ansatz über Nacht stehen lassen.

2 Am nächsten Tag sind die Schlehen durch die Wasseraufnahme geplatzt. Das übrige Wasser abgießen.

3 Die Schlehen schichtweise mit dem Kandiszucker in eine große Schüssel geben und nochmals über Nacht stehen lassen, damit sich der Zucker auflösen kann.

4 Die Glasflaschen heiß ausspülen und mindestens 10 Minuten im Backofen bei 120 °C sterilisieren; Schraubdeckel oder Gummiringe mit kochendem Wasser übergießen. Alles abkühlen lassen.

5 Den Ansatz zusammen mit der Zimtstange und der längs aufgeschnittenen Vanilleschote in eine ausreichend große Flasche, am besten einen Glasballon, geben und mit dem Gin auffüllen. Gut verschließen und 4–6 Wochen reifen lassen. Dann hat sich die Flüssigkeit in ein tiefes Karminrot verfärbt.

6 Den Schlehenlikör durch ein Sieb abfiltern und in die sterilisierten Glasflaschen umfüllen.

ZUTATEN FÜR 1,5 LITER

1 kg Schlehen (nach dem ersten Frost geerntet)

500 g brauner Kandiszucker

1 Vanilleschote

1 Zimtstange

1,5 l Gin

1 Glasflasche (Glasballon) à etwa 1,5 l Inhalt

2 Glasflaschen à 750 ml Inhalt

ZUBEREITUNGSZEIT: 30 MINUTEN
RUHEZEIT: 2 × 12 STUNDEN + 4–6 WOCHEN

Hagebuttenlikör
mit Zimt und Nelken

ZUTATEN FÜR 1,5 LITER

1 kg frische reife Hagebutten

300 g brauner Zucker

½ Zimtstange

4 Gewürznelken

abgeriebene Schale
von ½ unbehandelten Zitrone

abgeriebene Schale
von ½ unbehandelten Orange

1,5 l hochwertiger Weinbrand
oder Cognac

1 Glasgefäß (z.B. bauchige
Flasche) à 1,5 l Inhalt

3 Glasflaschen à 500 ml Inhalt

ZUBEREITUNGSZEIT: 20 MINUTEN
RUHEZEIT: 12 STUNDEN +
12–14 WOCHEN

1 Von den Hagebutten die Stängel und Spitzen abschneiden. Die Früchte waschen und in eine große Glasschüssel geben. Den braunen Zucker darüberstreuen, alles gut vermischen und den Inhalt über Nacht zugedeckt an einem kühlen Ort durchziehen lassen.

2 Am nächsten Tag ein größeres, gut verschließbares Glasgefäß, etwa eine bauchige Flasche, heiß ausspülen und mindestens 10 Minuten im Backofen bei 120 °C sterilisieren; Schraubdeckel oder Gummiring mit kochendem Wasser übergießen. Alles abkühlen lassen.

3 Die Mischung vorsichtig durch einen Trichter in das Glasgefäß füllen. Die Zimtstange sowie die Gewürznelken und die abgeriebene Zitronen- und Orangenschale dazugeben. Mit Weinbrand oder Cognac aufgießen. Das Gefäß gut verschließen und an einen hellen Ort stellen. 8–10 Wochen durchziehen lassen.

4 Dann die drei Glasflaschen heiß ausspülen, mindestens 10 Minuten im Backofen bei 120 °C sterilisieren; Schraubdeckel oder Gummiringe mit kochendem Wasser übergießen. Alles abkühlen lassen.

5 Ein Sieb mit einem Mulltuch auslegen und auf einen Topf setzen. Die Mischung aus der Flasche hineingeben und den Saft durch das Sieb abseihen; mithilfe des Tuchs die restliche Flüssigkeit aus den Früchten drücken. Den Likör in die vorbereiteten Flaschen umfüllen und gut verschließen. Nochmals 4 Wochen lang an einem kühlen Ort ruhen lassen.

Gebäck
& Süßes

Thymianbrot am Spieß
zum Grillen

ZUTATEN FÜR 10–12 STÜCK

700 g Mehl

1 Würfel frische Hefe (42 g)

etwa 250 ml lauwarme Milch

2 TL Zucker

2 TL Salz

1 EL frisch gehackter Thymian

10–12 lange Holzspieße

ZUBEREITUNGSZEIT: 25 MINUTEN
RUHEZEIT: 1 STUNDE
GRILLZEIT: 10 MINUTEN

1 Das Mehl in eine Schüssel sieben und in die Mitte eine Mulde drücken. Die Hefe hineinbröckeln, mit 3–4 Esslöffeln Milch und dem Zucker verrühren und zugedeckt an einem warmen Ort etwa 30 Minuten gehen lassen.

2 Salz und Thymian dazugeben, alles mit dem Knethaken des Handrührgeräts zu einem geschmeidigen Teig verkneten und etwa weitere 30 Minuten zugedeckt gehen lassen.

3 Den Teig in 10–12 Portionen teilen, zu 20–30 cm langen Strängen formen und damit die Holzspieße spiralförmig umwickeln.

4 Das Stockbrot auf dem Holzkohlegrill oder über dem Lagerfeuer rundherum etwa 10 Minuten goldbraun grillen. Dabei den Spieß immer wieder drehen.

TIPP

Stockbrot ist in manchen Regionen Deutschlands auch als Knüppelbrot oder Knüppelkuchen bekannt. In der Schweiz bezeichnet man es als Schlangenbrot.

Kürbisbrot
in Kuchenform

ZUTATEN FÜR 1 KASTENFORM (30 CM LÄNGE)

1 Würfel frische Hefe (42 g)

1 TL Zucker

500 g Mehl

250 g Kürbisfruchtfleisch (z. B. Hokkaido-Kürbis)

Salz

75–175 ml Wasser

Fett (für die Form)

ZUBEREITUNGSZEIT: 25 MINUTEN
RUHEZEIT: 1 STUNDE 35 MINUTEN
BACKZEIT: 1 STUNDE

1 In einer Tasse die Hefe mit dem Zucker so lange glatt rühren, bis sie flüssig wird. Das Mehl in eine Schüssel geben und eine Mulde in die Mitte drücken. Die Hefe hineingießen, mit etwas von dem Mehl bestauben und alles zugedeckt an einem warmen Ort 20 Minuten gehen lassen.

2 Das Kürbisfruchtfleisch würfeln und in wenig Salzwasser etwa 20 Minuten gar kochen. Anschließend das Kochwasser durch ein Sieb in einen Topf abgießen und beiseitestellen. Den Kürbis pürieren.

3 1 Teelöffel Salz und das Kürbispüree mit dem Mehl vermischen. Insgesamt 150–200 ml lauwarmes Wasser (einschließlich dem Kochwasser) dazugeben und alles mit dem Knethaken des Handrührgeräts zu einem geschmeidigen Teig verkneten. Nach Bedarf noch etwas Mehl oder Wasser unterkneten.

4 Den Teig zu einer Kugel formen, mit einem sauberen Geschirrtuch abdecken und an einem warmen Ort etwa 1 Stunde gehen lassen, bis sich sein Volumen verdoppelt hat.

5 Anschließend den Teig nochmals mit den Händen kräftig durchkneten, in eine gefettete Kastenform füllen und weitere 15 Minuten gehen lassen.

6 Den Backofen auf 180 °C (Ober- und Unterhitze) vorheizen. Die Fettpfanne des Ofens mit Wasser füllen und auf die unterste Schiene stellen.

7 Im vorgeheizten Backofen das Brot auf dem Rost auf der mittleren Schiene etwa 1 Stunde backen, dann die Stäbchenprobe durchführen: Mit einem Holzstäbchen, etwa einem Zahnstocher, in die Mitte des Brots leicht schräg hineinstechen, dann das Stäbchen wieder herausziehen. Bleibt kein Teig kleben und fühlt sich das Stäbchen trocken an, ist das Brot fertig. Andernfalls das Brot noch einige Minuten weiterbacken.

8 Schließlich das Brot aus der Form nehmen und auf einem Gitter auskühlen lassen. Erst dann in Scheiben schneiden.

Blätterteig-Käse-Gebäck
als Snack zwischendurch

1 Den Backofen auf 200 °C (Ober- und Unterhitze) vorheizen. Ein Backblech mit Backpapier belegen.

2 Die Blätterteigplatten auf der Arbeitsfläche ausbreiten und auftauen lassen.

3 Die getrockneten Tomaten abtropfen lassen. Die Knoblauchzehen schälen und fein hacken. Die Kräuter waschen, trocken schütteln, die Blätter von den Stielen zupfen und fein hacken.

4 Die Tomaten mit dem Knoblauch, den Kräutern und dem Öl fein pürieren.

5 Den Blätterteig auf einer bemehlten Arbeitsfläche rechteckig ausrollen und mit der Tomatenmasse bestreichen. Die kurzen Seiten 2 cm einschlagen und die langen Seiten jeweils bis zur Mitte einrollen.

6 Die Blätterteigrolle in 1,5 cm dicke Scheiben schneiden, diese auf das mit Backpapier belegte Backblech legen und mit Parmesan bestreuen. Im vorgeheizten Backofen 20–25 Minuten goldbraun backen. Herausnehmen, abkühlen lassen und möglichst frisch servieren.

ZUTATEN FÜR 4 PERSONEN

350 g Blätterteig (tiefgekühlt)

200 g getrocknete Tomaten (in Öl eingelegt)

2 Knoblauchzehen

2 Stängel Oregano · 1 Zweig Thymian

50–70 ml Olivenöl

Mehl (für die Arbeitsfläche)

150 g frisch geriebener Parmesan

ZUBEREITUNGSZEIT: 30 MINUTEN
BACKZEIT: 25 MINUTEN

Kartoffelbrot
rustikal und lecker

1 Die Hefe zerbröckeln und mit dem Zucker und der Buttermilch glatt rühren. Zugedeckt 10 Minuten ruhen lassen.

2 Die Kartoffeln schälen und durch die Kartoffelpresse drücken. Mit den beiden Mehlsorten, dem Salz, 300 ml lauwarmem Wasser und der Hefe-Buttermilch-Mischung zu einem zähen Teig verkneten.

3 Das Öl unterkneten und den Teig in zwei Portionen teilen. Jede Portion zu einem runden Laib formen und weitere 30–40 Minuten an einem warmen Ort gehen lassen.

4 Den Backofen auf 200 °C (Ober- und Unterhitze) vorheizen. Die Oberfläche der Brote kreuzförmig einschneiden und im vorgeheizten Ofen etwa 1 Stunde backen. Herausnehmen und auf einem Kuchengitter auskühlen lassen.

ZUTATEN FÜR 2 BROTLAIBE

1 Würfel frische Hefe (42 g)

1 TL Zucker

150 g Buttermilch (Zimmertemperatur)

200 g mehligkochende Kartoffeln, am Vortag gekocht

300 g Weizenmehl

200 g Roggenmehl

1 EL Salz

300 ml lauwarmes Wasser

2 EL Öl

ZUBEREITUNGSZEIT: 40 MINUTEN
RUHEZEIT: 50 MINUTEN
BACKZEIT: 1 STUNDE

Minipizzen
mit Spinat

ZUTATEN FÜR 4 STÜCK

250 g Blätterteig (tiefgekühlt)

1 Eigelb

Salz

400 g Spinat

1 EL Butter

1 Schalotte

1 Knoblauchzehe

Salz

frisch gemahlener Pfeffer

frisch geriebene Muskatnuss

2 EL frisch gehackter Majoran

100 g Bergkäse, grob geraspelt

ZUBEREITUNGSZEIT: 30 MINUTEN
BACKZEIT: 20 MINUTEN

1 Die Blätterteigplatten auf der Arbeitsfläche ausbreiten und auftauen lassen. Etwas ausrollen und vier Kreise von 16–18 cm Durchmesser ausstechen. Das Eigelb mit 1–2 Esslöffeln Wasser verrühren und den Blätterteig damit bestreichen.

2 Den Backofen auf 200 °C (Umluft) vorheizen.

3 In einem Topf Salzwasser zum Kochen bringen. Den Spinat waschen, putzen und kurz im Salzwasser blanchieren. Gut abtropfen lassen und grob hacken.

4 In einer Pfanne die Butter erhitzen. Die Schalotte und die Knoblauchzehe schälen und sehr fein hacken. Beides in der heißen Butter andünsten. Den Spinat dazugeben und alles gut verrühren. Die Pfanne vom Herd nehmen.

5 Die Mischung mit wenig Salz, Pfeffer und Muskat abschmecken und auf die Teigböden verteilen; dabei einen Rand von 1–2 cm frei lassen. Die Minipizzen mit dem Majoran und dem Käse bestreuen und auf der mittleren Schiene im vorgeheizten Backofen etwa 20 Minuten goldbraun backen.

TIPP

Die Minipizzen schmecken sowohl warm als auch kalt. Sie eignen sich als Snack zwischendurch, sind aber auch als Fingerfood beliebt, wenn Gäste kommen.

Hefefladenbrot
mit Tomaten und Kräutern

ZUTATEN FÜR 1 FLADENBROT

Für den Hefeteig:

etwa 250 g Mehl · ½ TL feines Meersalz

10 g frische Hefe · etwa 125 ml Wasser

4 EL Olivenöl

Außerdem:

100 g Cocktailtomaten

1 TL getrocknete italienische Kräuter

frisch gemahlener Pfeffer

Mehl (für die Arbeitsfläche)

ZUBEREITUNGSZEIT: 20 MINUTEN
RUHEZEIT: 45 MINUTEN
BACKZEIT: 30 MINUTEN

1 In einer Schüssel das Mehl mit dem Salz mischen. Die Hefe mit etwa 125 ml lauwarmem Wasser verrühren und darin auflösen. 3 Esslöffel Olivenöl unter die aufgelöste Hefe rühren; die Mischung zum Mehl geben.

2 Alles mit den Knethaken des elektrischen Handrührgeräts zu einem geschmeidigen Teig verkneten; nach Bedarf die Mehlmenge etwas variieren. Den Teig zugedeckt an einem warmen Ort etwa 45 Minuten gehen lassen.

3 Den Backofen auf 200 °C (Umluft) vorheizen. Ein Backblech mit Backpapier auslegen.

4 Den Hefeteig auf der bemehlten Arbeitsfläche nochmals gut durchkneten und zu einem ovalen Fladen ausrollen.

5 Den Fladen auf das mit Backpapier belegte Backblech legen, in die Oberfläche mit einem kleinen Löffel oder dem Finger Mulden drücken und den Fladen mit dem restlichen Olivenöl bestreichen.

6 Die Cocktailtomaten waschen, halbieren und in die Mulden legen. Den Fladen mit den Kräutern bestreuen und Pfeffer darübermahlen.

7 Das Brot im vorgeheizten Backofen 25–30 Minuten goldbraun backen, danach auf einem Gitter auskühlen lassen.

Sellerie- und Karottenchips

mit Buttermilchdip

1 Für den Dip die Buttermilch mit der Mayonnaise und dem Zitronensaft mischen und mit Salz, Pfeffer und Paprikapulver abschmecken.

2 Für die Chips die Karotten und den Sellerie schälen, waschen und in dünne Scheiben hobeln.

3 Das Mehl mit dem Weißwein, dem Olivenöl, 1 Prise Salz und den Eigelben glatt rühren. Alles etwa 10 Minuten quellen lassen.

4 Inzwischen die Eiweiße steif schlagen und anschließend unter den Teig ziehen.

5 Die Karotten- und die Selleriescheiben einzeln durch den Teig ziehen und im heißen Frittierfett goldbraun ausbacken. Herausnehmen und auf Küchenpapier abtropfen lassen. Nach Belieben salzen.

6 Die Zitrone in Spalten schneiden und mit den Gemüsechips und dem Buttermilchdip servieren.

ZUTATEN FÜR 4 PERSONEN

Für den Dip:

150 ml Buttermilch · 100 g Salatmayonnaise

1 EL Zitronensaft · Salz · frisch geriebener Pfeffer

Paprikapulver (nach Belieben)

Für die Chips:

4 große Karotten · 1 Knolle Sellerie · 200 g Mehl

etwa 250 ml trockener Weißwein

2 EL Olivenöl · Salz · 2 Eigelb

2 Eiweiß · Fett (zum Frittieren)

Außerdem:

1 unbehandelte Zitrone

ZUBEREITUNGSZEIT: 30 MINUTEN
RUHEZEIT: 10 MINUTEN
FRITTIERZEIT: 15 MINUTEN

Sesamgebäck
mit Pilz-Lauch-Füllung

ZUTATEN FÜR 4 PERSONEN

300 g frische Pilze (z. B. Champignons, Steinpilze, Pfifferlinge)

1 Knoblauchzehe

1 Zweig Thymian

1 Zweig Rosmarin

1 Stange Lauch

30 g Butter

Salz

frisch gemahlener Pfeffer

1 Ei

350 g Blätterteig, Kühlregal

Mehl (für die Arbeitsfläche)

100 g Sesam

ZUBEREITUNGSZEIT: 40 MINUTEN
GARZEIT: 25 MINUTEN

1 Den Backofen auf 200 °C (Ober- und Unterhitze) vorheizen.

2 Die Pilze putzen und sehr klein schneiden. Die Knoblauchzehe schälen und fein hacken. Die Kräuter waschen, trocken schütteln, die Blättchen abzupfen und fein hacken. Den Lauch putzen, längs bis zur Mitte einschneiden und unter fließendem kaltem Wasser gründlich säubern. Dann gleichmäßig in nicht zu breite Ringe schneiden.

3 In einer Pfanne die Butter zerlassen. Den Lauch zusammen mit den Pilzen, dem Knoblauch und den Kräutern darin 3–4 Minuten braten, bis die Flüssigkeit vollständig verdampft ist. Mit Salz und Pfeffer abschmecken, die Pfanne vom Herd nehmen.

4 Das Ei trennen. Den Blätterteig auf einer bemehlten Arbeitsfläche ausrollen und Quadrate in der Größe 10 × 10 cm zuschneiden. Die Ränder mit Eiweiß bestreichen und auf die untere Hälfte die Pilz-Lauch-Mischung geben. Die Seiten einschlagen und die Quadrate aufrollen.

5 Das Eigelb verquirlen, die Röllchen damit bestreichen, im Sesam wälzen und im vorgeheizten Backofen 15–20 Minuten goldbraun backen. Herausnehmen, kurz abkühlen lassen und servieren.

Mini-Kirschfladen
mit Rosmarin

ZUTATEN FÜR 15–20 STÜCK

Für den Teig:

½ Würfel frische Hefe (21 g) · 50 g Zucker

etwa 75 ml lauwarme Milch · 300 g Mehl

75 g weiche Butter · 250 g Quark · 1 Ei

1 Msp. abgeriebene Schale
von 1 unbehandelten Zitrone

½ TL Salz

Außerdem:

750 Schattenmorellen (aus dem Glas),
gut abgetropft

etwa 100 g Gelierzucker 1:1 · 1 Bund Rosmarin

Puderzucker (zum Bestauben)

ZUBEREITUNGSZEIT: 40 MINUTEN
RUHEZEIT: 1 STUNDE 45 MINUTEN
BACKZEIT: 15 MINUTEN

1 Die Hefe zerbröckeln und mit 1 Teelöffel Zucker in der lauwarmen Milch auflösen. In eine Schüssel 200 Gramm Mehl geben und eine Mulde hineindrücken. Die Hefe-Milch-Mischung in die Mulde gießen, mit etwas Mehl bestauben und ungefähr 15 Minuten zugedeckt gehen lassen.

2 Restlichen Zucker, weiche Butter, gut abgetropften Quark, Ei, Zitronenschale und Salz zugeben. Alles mit dem Knethaken des Handrührgeräts kräftig verkneten, bis der Teig geschmeidig ist und sich von der Schüsselwand löst. Nach Bedarf so viel Mehl zugeben und unterkneten, dass ein glatter, nicht mehr klebender Teig entsteht. Diesen abgedeckt an einem warmen Ort etwa 1 Stunde gehen lassen, bis sich das Volumen verdoppelt hat.

3 Den Teig zu einer langen Rolle formen und in 20–24 Portionen teilen. Diese auf der bemehlten Arbeitsfläche zu kleinen Fladen formen, mit Kirschen belegen und mit etwas Gelierzucker bestreuen.

4 Den Rosmarin waschen, in Stücke zupfen und je ein Stück zu den Kirschen legen. Auf ein mit Backpapier belegtes Blech legen, dabei genügend Abstand zueinander lassen. Nochmals 20–30 Minuten gehen lassen.

5 Den Backofen auf 220 °C vorheizen, dann die Fladen darin etwa 15 Minuten backen. Auskühlen lassen, Puderzucker darübersieben und die Minifladen servieren.

Kirsch-Quark-Brötchen
fürs Sonntagsfrühstück

1 Den Backofen auf 180 °C (Ober- und Unterhitze) vorheizen. Ein Backblech mit Backpapier belegen.

2 In einer Schüssel den Quark, das Mehl, den Zucker, die Eier, die Milch, das Öl und das Backpulver vermischen. Alles zu einem Teig verkneten.

3 Die Kirschen abtropfen lassen, mit Mehl bestauben und unter den Teig heben. 70 Gramm schwere Portionen aus dem Teig abstechen, Kugeln formen, etwas andrücken und mit größerem Abstand zueinander auf das vorbereitete Backblech setzen.

4 Die Brötchen mit Eigelb bestreichen und im vorgeheizten Backofen 40–45 Minuten backen.

5 Die Stäbchenprobe machen: Mit einem Holzstäbchen, etwa einem Zahnstocher, in der Mitte des Kuchens leicht schräg hineinstechen, dann das Stäbchen wieder herausziehen. Bleibt kein Teig kleben und fühlt sich das Stäbchen trocken an, ist der Kuchen fertig. Andernfalls den Kuchen noch einige Minuten weiterbacken.

6 Herausnehmen, abkühlen lassen und mit frischer Butter servieren.

ZUTATEN FÜR 12 STÜCK

250 g Speisequark, abgetropft

450 g Mehl · 150 g Zucker

2 Eier · 4 EL Milch

8 EL Pflanzenöl

1 Päckchen Backpulver

1 Glas Süßkirschen (680 ml)

Mehl (zum Bestauben)

1 Eigelb

ZUBEREITUNGSZEIT: 40 MINUTEN
BACKZEIT: 45 MINUTEN

Waldmeistersorbet
mit Apfelwein

ZUTATEN FÜR 1 LITER

2 kg grüne Äpfel

1 unbehandelte Limette

150 g Zucker

4 EL Waldmeistersirup

2 Eiweiß

etwa 200 ml Apfelwein (Cidre)

ZUBEREITUNGSZEIT: 1 STUNDE
TIEFKÜHLZEIT: 4 STUNDEN

1 Die Äpfel waschen, zerkleinern und entsaften. 750 ml Saft abmessen, den Rest gegebenenfalls anderweitig verwenden.

2 Die Limette heiß abwaschen. Die Schale dünn abschälen und in feine Streifen schneiden. Den Saft auspressen.

3 In einem Topf den Limettensaft mit dem Zucker und dem Apfelsaft vermischen und einmal aufkochen lassen. Den Topf vom Herd nehmen, die Mischung auskühlen lassen.

4 Zuerst den Waldmeistersirup, dann die Eiweiße in die Saftmischung einrühren, das Ganze mit dem Mixer aufschlagen.

5 Die Masse in eine flache Metallschüssel geben und für 3–4 Stunden ins Tiefkühlfach stellen; alle 20–30 Minuten die Schüssel herausnehmen und die Masse mit einer Gabel oder einem Mixer aufschlagen, damit keine zu groben Eiskristalle entstehen.

6 Mithilfe von zwei Esslöffeln von der Sorbetmasse große Nocken abstechen und portionsweise in Dessertschälchen geben. Den Apfelwein angießen, das Sorbet mit den Limettenzesten garniert servieren.

Joghurteis
mit Honigsauce

1 Die Walnüsse grob hacken. Ein Backblech mit Backpapier belegen.

2 In einem Topf den Zucker schmelzen und karamellisieren lassen, dann die Nüsse dazugeben. Kurz alles verrühren und auf das Backblech geben. Erkalten lassen und erneut grob zerhacken.

3 Den Joghurt mit dem Zitronensaft und dem Puderzucker vermischen. Die Sahne steif schlagen und nach und nach unter den Joghurt heben. Die kandierten Nusssplitter untermischen.

4 Die Masse in ein vorgekühltes Gefäß füllen. Glatt streichen und für mindestens 4 Stunden im Tiefkühlfach gefrieren lassen; während der ersten Stunde gelegentlich mit einem Löffel umrühren.

5 Zum Servieren mit einem Eisportionierer Kugeln aus dem Joghurteis abstechen und in Dessertschälchen anrichten. Mit flüssigem Honig beträufeln.

ZUTATEN FÜR 4 PERSONEN

100 g Walnusskerne

60 g Zucker

500 g Naturjoghurt

1 EL Zitronensaft

4 EL Puderzucker

150 ml Sahne (mindestens 30 % Fett)

70 g Honig

ZUBEREITUNGSZEIT: 30 MINUTEN
GEFRIERZEIT: 4 STUNDEN

Heidelbeermuffins
ganz klassisch

1 Den Backofen auf 180 °C (Umluft) vorheizen. Zwölf Papierförmchen in die Vertiefungen eines Muffinsblechs stellen.

2 Das Mehl und das Backpulver vermischen. In einer Pfanne die Butter erhitzen und nur so kurz abkühlen lassen, dass sie noch flüssig ist.

3 Das Ei, den Honig, den Joghurt und die saure Sahne verrühren und die geschmolzene Butter unterrühren. Die Heidelbeeren unterheben. Zuletzt das Mehl möglichst zügig einarbeiten, sodass alle Zutaten gut vermischt sind.

4 Den Teig in die Förmchen einfüllen und im vorgeheizten Backofen 25–30 Minuten goldbraun backen. Herausnehmen, noch 5 Minuten in der Form ruhen lassen, dann herausheben und abkühlen lassen.

ZUTATEN FÜR 12 STÜCK

250 g Mehl · 2 TL Backpulver

50 g Butter · 1 Ei

3 EL Honig · 100 g Joghurt

100 g saure Sahne

250 g Heidelbeeren

12 Papierförmchen

1 Muffinsblech

ZUBEREITUNGSZEIT: 20 MINUTEN
BACKZEIT: ETWA 30 MINUTEN

Rote Grütze
mit frischen Früchten

ZUTATEN FÜR 4–6 PERSONEN

150 g Rote Johannisbeeren

150 g schwarze Johannisbeeren

250 g kleine Erdbeeren

300 g Himbeeren

100 g Zucker

Saft von 1 Zitrone

500 ml Roter-Johannisbeer-Saft

25 g Speisestärke

Zucker nach Geschmack

2 Zweige Minze (zum Garnieren)

geschlagene Sahne (zum Servieren)

ZUBEREITUNGSZEIT: 30 MINUTEN
GARZEIT: 15 MINUTEN
KÜHLZEIT: 1 STUNDE

1 Die Johannisbeeren von den Rispen streifen, waschen und verlesen. Die Erdbeeren und die Himbeeren waschen und putzen.

2 200 Gramm Johannisbeeren sowie die Hälfte der Erdbeeren und der Himbeeren in einen Topf geben. Alles mit dem Zucker bestreuen, den Zitronensaft und den Johannisbeersaft dazugießen und erhitzen. Einige Minuten köcheln lassen.

3 Die Früchte durch ein Sieb abgießen und erneut zum Kochen bringen.

4 Die Speisestärke mit etwas kaltem Wasser anrühren und ins Früchtepüree einrühren. Die restlichen Früchte untermischen und nochmals kurz erhitzen.

5 Die Grütze mit dem Zucker abschmecken, in eine Schale füllen und zugedeckt in den Kühlschrank stellen. Mit Minze garnieren und mit Schlagsahne servieren.

TIPP

Servieren Sie die Rote Grütze zu Naturjoghurt oder zu Vanillepudding. Auch zu Eiscreme schmeckt sie ausgezeichnet – kombinieren Sie sie doch mal mit Ihrer Lieblingssorte.

Stachelbeertörtchen
<u>pikant gewürzt</u>

ZUTATEN FÜR 12 STÜCK

Für den Teig:

250 g Mehl · 60 g Zucker · 1 Prise Salz

125 g Butter · 1 Ei · Butter (zum Einfetten)

getrocknete Hülsenfrüchte (zum Blindbacken)

Außerdem:

400 g frische Stachelbeeren (rot und weiß)

150 ml Apfelsaft · 150 g Gelierzucker 1:1

etwa 8 EL Stachelbeerkonfitüre

½ TL Garam masala (nach Geschmack mehr;
aus dem Asialaden oder
einem gut sortierten Supermarkt)

1 Muffinsblech

ZUBEREITUNGSZEIT: 30 MINUTEN
KÜHLZEIT: 30 MINUTEN
BACKZEIT: 20 MINUTEN

1 Das Mehl auf die Arbeitsfläche häufeln, mit Zucker und Salz mischen und in die Mitte des Mehls eine Mulde drücken. Die kalte Butter in kleine Stücke schneiden und um die Mulde herum verteilen, das Ei in die Mitte geben. 1–2 Esslöffel lauwarmes Wasser hinzufügen und sämtliche Zutaten mit dem Messer gut durchhacken, sodass kleine Teigkrümel entstehen. Anschließend mit den Händen rasch zu einem Teig verkneten, in Frischhaltefolie wickeln und etwa 30 Minuten kühl stellen.

2 Den Backofen auf 180 °C (Umluft) vorheizen. Die Vertiefungen eines Muffinsblechs fetten.

3 Den Teig in 12 Portionen teilen. Jede Teigportion kurz durchkneten und eine Vertiefung des Muffinsblechs damit auslegen: Nach Belieben den Teig andrücken oder vorher ein wenig ausrollen. In jeder Vertiefung den Teig mit Backpapier abdecken und die Hülsenfrüchte darauf verteilen.

4 Die Törtchen im vorgeheizten Backofen etwa 20 Minuten goldbraun backen. Die Hülsenfrüchte und das Papier entfernen, die Törtchen etwa 5 Minuten in den Förmchen stehen lassen, dann vorsichtig auf ein Kuchengitter stürzen und auskühlen lassen.

5 Die Stachelbeeren waschen und gut abtropfen lassen. Den Apfelsaft mit dem Gelierzucker und der Stachelbeerkonfitüre in einem Topf unter Rühren zum Kochen bringen und 3–4 Minuten kochen lassen.

6 Stachelbeeren und Garam masala hinzufügen und alles nochmals aufkochen lassen. Die Stachelbeermischung sofort auf den Törtchen verteilen. Auskühlen lassen und servieren.

Quittenkonfekt
mit Äpfeln

1 Den Backofen auf 160 °C (Ober- und Unterhitze) vorheizen. Ein Backblech mit Backpapier belegen.

2 Die Quitten und die Äpfel vierteln, Stiele und Kerngehäuse entfernen. Quitten und Äpfel auf das Backblech geben und im vorgeheizten Backofen 1 Stunde garen. Herausnehmen und abkühlen lassen.

3 Die Äpfel und die Quitten schälen, das Fruchtfleisch in kleine Stücke schneiden, dann pürieren.

4 Das Püree mit dem Gelierzucker vermischen, erhitzen und 5 Minuten köcheln lassen. Die Fruchtmasse auf das vorbereitete Backblech streichen und 2–3 Tage trocknen lassen.

5 Die Fruchtmasse in mundgerechte Rauten schneiden und die Stücke im Kristallzucker wenden. Luftdicht verschlossen aufbewahren.

ZUTATEN FÜR 100 STÜCK

1,5 kg Quitten

500 g Äpfel

1 kg Gelierzucker 2:1

Kristallzucker

ZUBEREITUNGSZEIT: 30 MINUTEN
GARZEIT: 1 STUNDE 5 MINUTEN
RUHEZEIT: 2–3 TAGE

Vanillequark
mit Rum und Birnen

ZUTATEN FÜR 4 PERSONEN

500 g Speisequark

2–3 EL Vanillesirup

3 EL Sahne (mindestens 30 % Fett)

2 reife Birnen

4 cl Rum

2 Stängel Minze

1 EL Zitronensaft

ZUBEREITUNGSZEIT: 20 MINUTEN
MARINIERZEIT: 20 MINUTEN

1 In einer Schüssel den Speisequark mit dem Vanillesirup und der Sahne verrühren.

2 Die Birnen waschen, vierteln und die Kerngehäuse entfernen. Vom Fruchtfleisch ein Viertel beiseitelegen, den Rest in kleine Würfel schneiden. Mit dem Rum mischen und 20 Minuten marinieren.

3 Die Minze waschen, trocken schütteln und die Blätter von den Stielen zupfen.

4 Das beiseitegelegte Birnenviertel in hauchdünne Scheiben schneiden oder hobeln und mit dem Zitronensaft beträufeln.

5 Den Quark in 4 Dessertschälchen füllen und die Birnenwürfel mit dem Rum darüber verteilen. Jede Portion mit einem Minzblatt und einer Birnenscheibe garniert servieren.

Heidelbeerquark
sommerlich leicht

ZUTATEN FÜR 4 PERSONEN

500 g Quark

300 g Heidelbeeren

200 g Joghurt

4–5 EL Honig

100 ml Sahne

Zitronensaft (nach Belieben)

ZUBEREITUNGSZEIT: 20 MINUTEN

1 Den Quark in eine Schüssel geben. Die Heidelbeeren waschen und gut abtropfen lassen.

2 200 Gramm Heidelbeeren mit 100 Gramm Joghurt mixen, dann unter den Quark rühren. Den restlichen Joghurt mit dem Honig vermischen und unter den Quark rühren.

3 Die Sahne steif schlagen. Den Heidelbeerquark nach Belieben mit Zitronensaft abschmecken und die Schlagsahne unterziehen. Auf Schälchen verteilen und mit den restlichen Heidelbeeren bestreut servieren.

Register

Bildnachweis

Die Fotografien wurden von der StockFood GmbH zur Verfügung gestellt mit Genehmigung von:

Alack, Chris 139 (oben rechts) – Arras, Klaus 24, 68, 89, 91, 93, 99 (oben rechts), 160 –
Baranowski, Andre 37 – BBS 48, 75 – Biglife 111 (oben) – Bill Milne Studio 118 – Bischof, Harry 73
Borkowski, Elke 136 – Brachat, Oliver 85 – Breu, Riki 153 – Camarasaltas, Salvador 139 (oben links)
Cazals, Jean 53, 167 (unten links) – Chassenet, Jean-Paul 15, 23 – Cimbal, Walter 115
Conroy, Stephen 101 – Creative Photo Services 41 (oben) – David Loftus Limited 71
Duivenvoorden, Yvonne 7, 166 – Eising Susie 11, 29, 119 – Ellert, L. 40 – Eriksson, Lina 135
Finley, Marc O. 25 (oben links), 100, 179 – Fisher, Tara 20, 171 – Foodcollection 41 (unten rechts), 81
FoodPhotography Eising 14, 41 (unten links), 43, 57, 90, 103, 110, 13, 137, 146, 164, 165, 174,
Fotos mit Geschmack 77 – Freek, Henrik 150 – Fritz, Albert 60 – Gallo Images Pty Ltd. 163
Gerlach, Hans 17, 67 – Heinze, Winfried 47, 69, 95, 105, 107, 114 – Hrbkov·, Alena 35, 159
Jones, Huw 99 (oben links) – Kanngiefler, Robert 98 – Kia Nu 121 – Kirchherr, Jo 25 (oben rechts)
Krieg, Roland 143, 147 – Lülf, Björn 78 – Lanneretonne, Anthony 46 – Lutterbeck, Barbara 83
Marcialis, Renato 25 (unten rechts) – Maximilian Stock Ltd 99 (unten) – Mohr, Sandra 65 (oben links)
Newedel, Karl 45 – Octopus collection 125 – Paul, Michael 55, 167 (unten rechts)
Pecanic, Maja Danica 161 – People Pictures 64 – Persson, Per Magnus 31 – Pilossof, Judd 59
Prigent, Claude 79 – Ranung, Per 52 – Rauser, Uta 145 – Rees, Peter 173 – Roche, AmÈlie 26
Rua Castilho 61, 141 – S.Benjamins/Foto Natura 170 – Scarlini, Giorgio 33
Schanz, Susanne 133, 167 (oben rechts) – Schardt, Wolfgang 63, 123, 157
Schindler, Martina 5, 51, 129, 131, 138, 177 – Schmid, Ulrike 109, 175
Schwabe, Kai 27, 149, 167 (oben links) – Schwarzwald, Oliver 117 – Seper, George 113
Shulevsky, Vladimir 25 (unten links) – Silverman, Ellen 36 – Sporrer, Brigitte 65 (unten), 72
Stürmer, Thorsten GmbH 21 – Strauss, F. 8, 39, 86, 97, 111 (unten), 126 – Studio Adna 155
Studio Lipov 65 (oben rechts) – Taylor, Shawn 104 – Teubner Foodfoto GmbH 80, 124, 139 (unten)
Treloar, Debi 30 – Visions B.V. 130 – Westermann, Jan-Peter 156, 169 – Winkelmann, Bernhard 19

Mit *Land*IDEE das Jahr genießen.

Alle 2 Monate neu am Kiosk!

Die besten Ideen kommen vom Land.